波動が変わる！
あなたが変わる！
人生が変わる！

桑名正典［著］

アールズ出版

はじめに

「人生を変えるには楽しいことをする」

「頑張ったらダメ」

「しなければならないことではなく、やりたいことをする」


これは紛れもない真実で、幸せで豊かな人たちは皆そうしています。

しかし、多くの人は、

「人生を変えるためには頑張らないといけないじゃん」

と思うものです。

多くの人はそう信じています。でも、本当は頑張ったらダメで、頑張れば頑張るほど結果は出なくなってしまいます。
世の中には、他にも間違った考え方がたくさんあります。

楽しんではいけない
遊んでいてはいけない
休んではいけない
ダメな自分は克服しないといけない

幸せに豊かになるためには、これらもすべて間違っています。そのことは波動のことを理解できてくると分かってきます。

「波動」というものはご存知でしょうか？
私たちの多くは、波動にまつわる言葉を昔から使ってきました。

「あの人とは波長が合う」

これは波動のことを表現した言葉です。

私たちも含め、この世界にあるすべてのモノは素粒子からできていて、その素粒子は粒子であると同時に波でもあり、振動して存在しています。

そして、私たちも振動している物質でできていて、私たち一人一人は、それぞれが違った波動を持っています。

そんな波動ですが、私たちの思考、価値観、生き方、環境などによって変化するものであり、先ほどの「波長が合う」という言葉は、波動が似ているということと同じ意味となります。

つまり、価値観も考え方も似ているということは、波動が似ているということになります。

このように、私たち一人一人は「波動」というものを持っていて、似た波動のものは引き寄せ合う性質を持っています。

先ほど、

楽しんではいけない
遊んでいてはいけない
休んではいけない
ダメな自分は克服しないといけない

というのは間違っていると言いました。というのも、波動は似たものを引き寄せ合うため、楽しい人生を実現したいなら、自分が楽しい波動を持つことが大事なのです。遊ぶような楽しい暮らしをしたいなら、自分が遊んで喜ぶ波動を持つことが大事なのです。

「頑張ったり我慢したりした後には楽しい世界が待っている」というのは大間違いで、波動の考え方を踏まえると、頑張ったら頑張る現実が展開され、我慢すると我慢する現実が展開されます。つまり、「頑張ったり我慢した後には、頑張ったり我慢した世界が待っている」ということです。

このように現実を「波動」という知識を通してみていくと、世の中にある多くの教えの矛盾が分かってきます。

そうはいっても、頑張ることで今の成果を手に入れてきた人もいるでしょうし、ダメな自分を克服することでうまくいった人もいると思います。

逆に、楽な選択をしてうまくいかなかった人もいるでしょう。

頑張ることがダメと言っているわけではありません。時には頑張ることも必要です。しかし、世の中にはやっていい頑張りとやらないほうがいい頑張りがあります。

やっていい頑張りはあなたの未来を切り開きますが、やらないほうがいい頑張りをすると、あなたの現実はまったくうまく回らなくなります。

同じように頑張っても、結果が出る人と出ない人がいるのは、その頑張りが違うのではなく、やっていい頑張りなのかやらなくていい頑張りなのかの違いが大きいのです。

とくに要領の悪い人はやらなくていい頑張りばかりやっていることが少なくありません。そういったことも波動のことを知っていくとよく分かります。

波動の知識、メカニズム、使い方を知ると、今までの生き方が一変します。ぜひ、波動の知識、メカニズム、使い方を知ってみてください。


そうすると、結果を出すための自分の扱い方が分かります。

頑張ることではなく、ゆるめることがどれだけ大事かが分かります。

未来を切り開くために、やっていい頑張りがどんなものかが分かります。

自分の扱い方がうまくなり、それにより確実に幸せに豊かになります。

世間で信じられていることに惑わされず、やらなくていいこと、やったほうがいいことが分かるようになります。

願望を実現するための方法が分かります。

ピンチの抜け出し方が分かります。


波動の使い方を学び、あなたの幸せで豊かな人生の実現に役立てていただければうれしいです。

［目次］

[第二章] ベース波動を整えよう――45

[第三章] 波動を使いこなすために知っておきたいこと——57

［第四章］　さあ、波動を使って願望を実現させよう――93

[第七章] 人生を通して最高波動の自分と現実を実現していく――185

第一章

波動を使いこなすための基礎知識

人もモノもすべて粒子であり、振動している

◉「波動」とは？

自分に見えている現実を変えていくために波動を使いこなすことは、とても有用な手段です。しかし、波動というものがどういうものなのかということをよく理解している人は少なく、波動という言葉から「怪しい」というニュアンスで捉えられることも多いでしょう。

しかし、波動というのはれっきとした物理学や化学の世界の話で、現代では量子物理学、量子化学といった分野にカテゴライズされる最新科学のものです。

では、この波動というものはどういうものなのか。波動を理解するためには、私たちの目に見える物質をとてもとても小さな範囲にまで分解していく必要があります。

私たちの目に見える物質をどんどん小さくしていくと、「分子」や「原子」という世界になります。原子をさらに分解すると「原子核」と「電子」に、原子核をさらに分解する

と「陽子」と「中性子」にと、どんどん小さく分けられるのですが、中学生くらいのときに学び馴染みのあるのが原子レベルだと思いますので、ここでは原子という領域での話にします。

どんな物質も小さく分解していくと原子というところに行き着きます。私たち人間は有機体ですので、炭素原子（C）と水素原子（H）の集合体でできていますし、私たちの身の回りにある水は水素原子（H）と酸素原子（O）が集まってH_2Oという水分子を作っています。そうやってこの世界にある物質はすべて原子というもので構成されています。

そしてこの原子は、実は波の性質も持っています。波の性質を持つということは「振動している」ということです。振動しないと波の性質は持ちませんから。すべての原子は、普段は波として揺らいでいて、あるきっかけが起こると揺らいでいる波が消え、粒子という固定された状態になる。原子とはそのような性質を持っています。

原子は粒子としての性質だけではなく、「波」としての性質も持つ…。この「波」がどのような状態で振動しているのか、高い振動数の波なのか、低い振動数の波なのか、大きな波なのか小さな波なのかといった波の状態のことを「波動」と言います。

基本用語を、押さえよう

◉「波長」「振動数」「周波数」…とは？

「この世界に存在する物質を作っている原子たちは波として振動している」ということをお伝えしましたが、そもそも波とはどういったものなのでしょうか？

波として振動しているというのは、一定周期で上波と下波が交互に連続している状態のことです。と文章にすると小難しい表現となりますが、絵にするとわかりやすいです。

波動の世界では、この上の波と下の波が一つでワンセットと考えます。この上の波と下の波のワンセットの波の長さのことを「波長」と言います。

そして波動の世界でよく言われる振動数や周波数がどういうものかというと、どちらも「決まった時間の中でどれだけの波の数があるのか？」ということを表したものです。このうち振動数は物理学の分野の用語、周波数は電気化学の分野の用語で、それぞれは同じ意味のものです。

「波長」とは？　「振幅」とは？

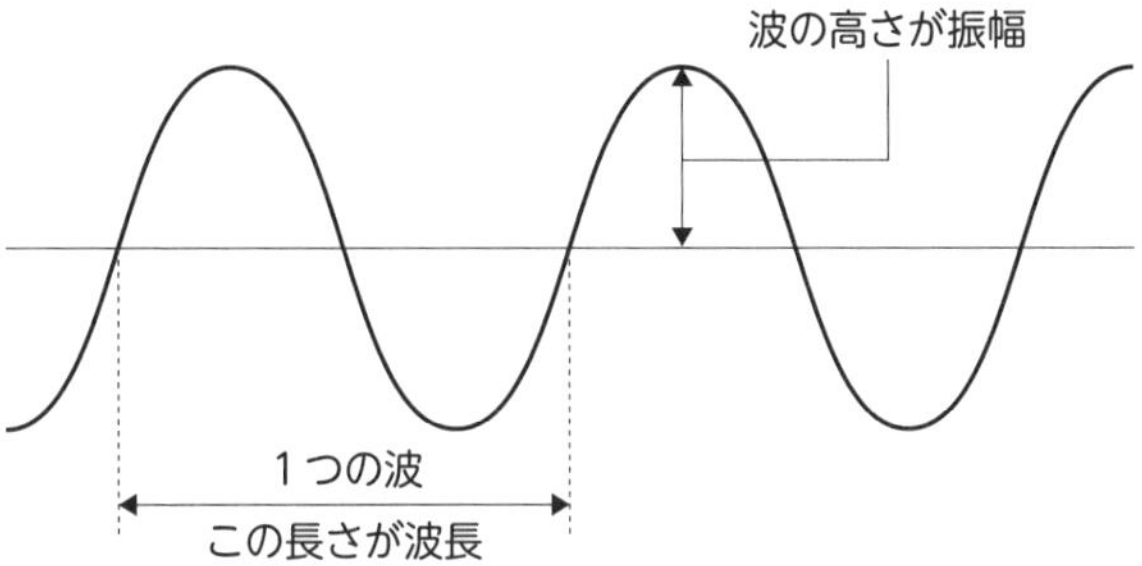

また、一般的な波動の話ではあまり出てきませんが、波動には「振幅」というものもあります。振幅とは、一つの波の高さを言います。振幅が大きい波は上の波が高く、下の波が深くなり、揺れの大きな波のことを振幅が大きいと表現します。

波：上の波と下の波で構成されるもの

波長：上の波と下の波のワンセットの波の長さ

振動数：決まった時間の中でどれだけの波の数があるかを表す物理用語

周波数：決まった時間の中でどれだけの波の数があるかを表す電気用語

振幅：波の高さと深さのこと

波動が「高い」「低い」は、体感できる

◉最高波動状態は「無」

ここまで「波動」というものの物理的な側面についてお伝えしてきました。物理的にどんなものなのかを知ったところで、それを体感として持てないと意味がありません。


波動が高いとはどういう状態で、どんな体感があるのか？

波動が低いとはどういう状態で、どんな体感があるのか？


それについて解説していきましょう。

波動の「高い」「低い」を理解する前に、まず知っておくべきことは「最高波動の状態とは何か？」ということです。

実は、波動が最も高い状態というのは「無」です。無を最高波動とし、無→直線→波と

波動が「高い」「低い」とは？

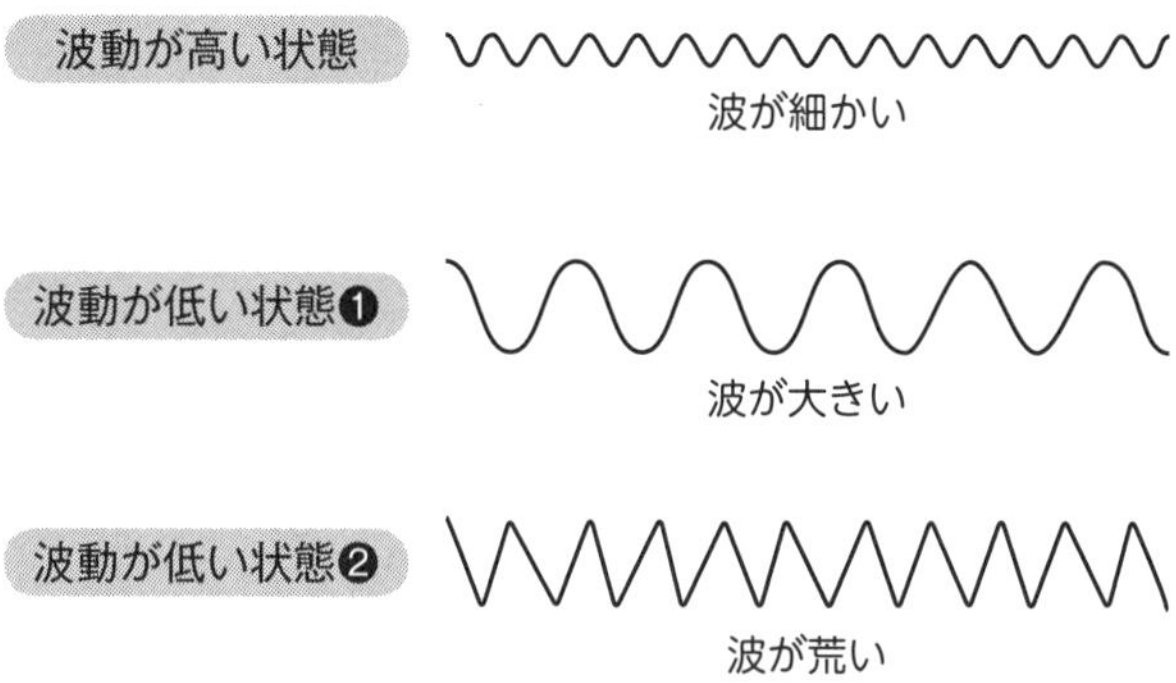

いう順番に波動が低くなっていきます。つまり、波動は「無の状態から動きが大きくなるほど低くなる」というのが基本です。

　では、無の状態から動きが大きくなるとはどういうものでしょうか？

　高い波動というのは波が小さいものを表しています。波が小さいというのは、振幅も波長も小さいもので、それらが小さければ小さいほど波動は高くなります。そして、波長が小さいと、決まった時間の中での波の数が多くなるため、振動数や周波数は大きくなります。

　逆に、低い波動は波が大きなものを表しています。波が大きいというのは、振幅も波長も大きいことを表していて、大きな波は決まった時間の中での波の数が少なくなるため、振動数や周波数は小さくなります。

物理的な波動の解説はこのようになりますが、それを体感として捉えるとどんな感じになるでしょうか？

◉高い波動はシルク生地のようなもの

高い波動というのは、小さな波が連続している状態です。波が小さいというのは凹凸が小さいということです。波は小さければ小さいほど肌触りが心地良くなります。

例えばシルク生地を想像してみてください。シルク生地はとてもツルツルサラサラしていて、肌触りがとても爽快です。それは通常の布よりも表面の凹凸が小さいからです。また真夏の街中で、ちょっと涼むように水を霧状にして噴霧しているところがあったりします。そこに手をかざすとても気持ちが良いものです。あれは水をナノミストという非常に細かい粒子状にしているため、肌触りが良く、気持ちの良い感覚になります。

波動もそれと同じで、高い波動、つまり細かな波に触れると、カラッと爽快で心地良い感じを受けます。

波動は肌で感じることができる

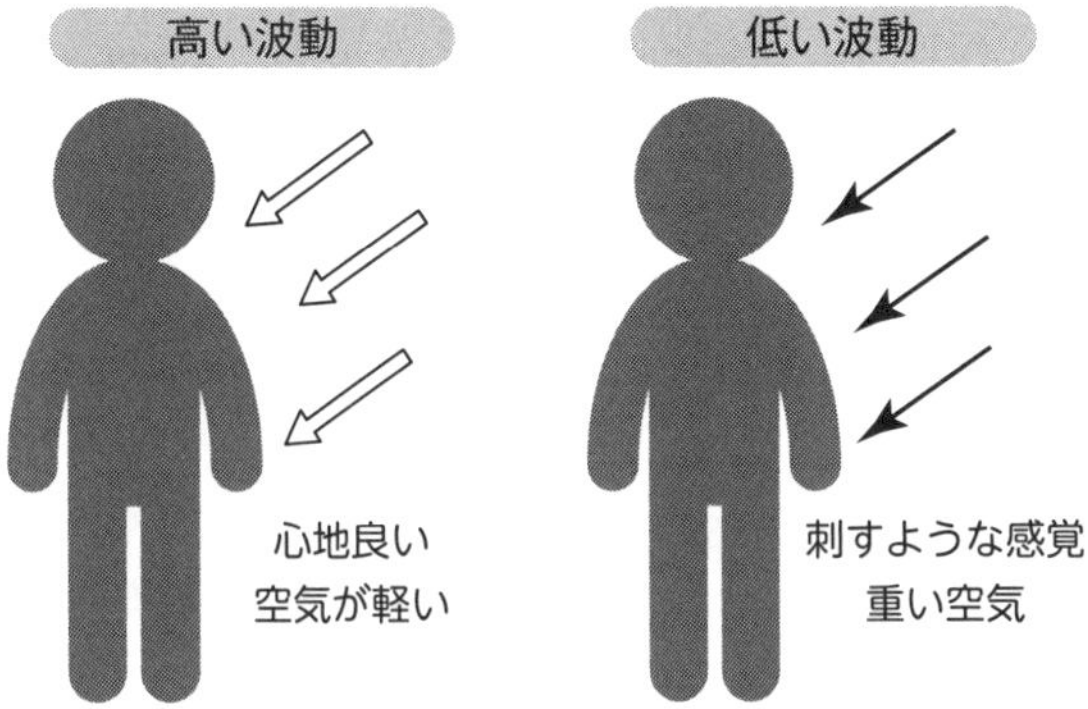

◉低い波動は肌に突き刺さってくる

そして、低い波動というのはその逆。

低い波動というのは、大きな波、もしくは荒い波が連続している状態です。

大きな波というのは波長の大きな波のことで、一つ一つの波が大きな状態、そして荒い波というのは振幅の大きな波のことで、一つの波の高さ、振れ幅が大きな状態を言います。

大きな波の影響で波動が低くなっている場所を体感で説明すると、空気が重いという表現になります。

海の波を想像してもらうと分かりやすいですが、大きな波からはものすごい圧力を感じます。それは一つの波が大きいために波そのものの重さを感じるからです。それと同じように、波動が低い場所では重い空気を感じたりします。

荒い波の影響で波動が低くなっている場所は、刺すような感覚やザワザワした落ち着かない感覚を持つものです。荒い波は振幅が大きいために肌触りがとても悪いです。極端な例で言うと砂利の上や針の上に立つような感じです。一つ一つの波が肌に刺さるため、そこにいるととても居心地が悪くなります。

高い波動：爽快、心地良い、気持ちが良い、空気が軽い

低い波動：重い空気、刺すような感覚、居心地が悪い

波動が「高い」と「強い」とでは、意味が全く異なる

◉波動の弱い人は、強い人の影響を受ける

波動についてよく使われるのは、「波動が高い」「波動が低い」という表現ですが、実は波動にはもう一つ「強い」「弱い」という指標があります。

よくある誤解で、「影響力の高い人は波動が高い」と思っている人が多いのですが、それは大いなる勘違いです。実際、人を刺すような汚い言葉は低い波動ですが、そのような汚い言葉ばかり使う人でも影響力のある人はたくさんいます。つまり、影響力と波動の高い低いは関係ないのです。波動を高くすれば影響力が持てるというのも間違いです。

独立した人で、今よりも売れるために波動を高くしようとする人がいますが、それは無駄な努力に終わることも多いです。モノを売ることは、買ってくれる人に影響を与えるということですから、売れるというのは波動の高い低いではなく、波動の強さが関係しています。つまり独立して稼ぎたいなら、波動を強くする必要があるのです。

人は4つのタイプに分けられる

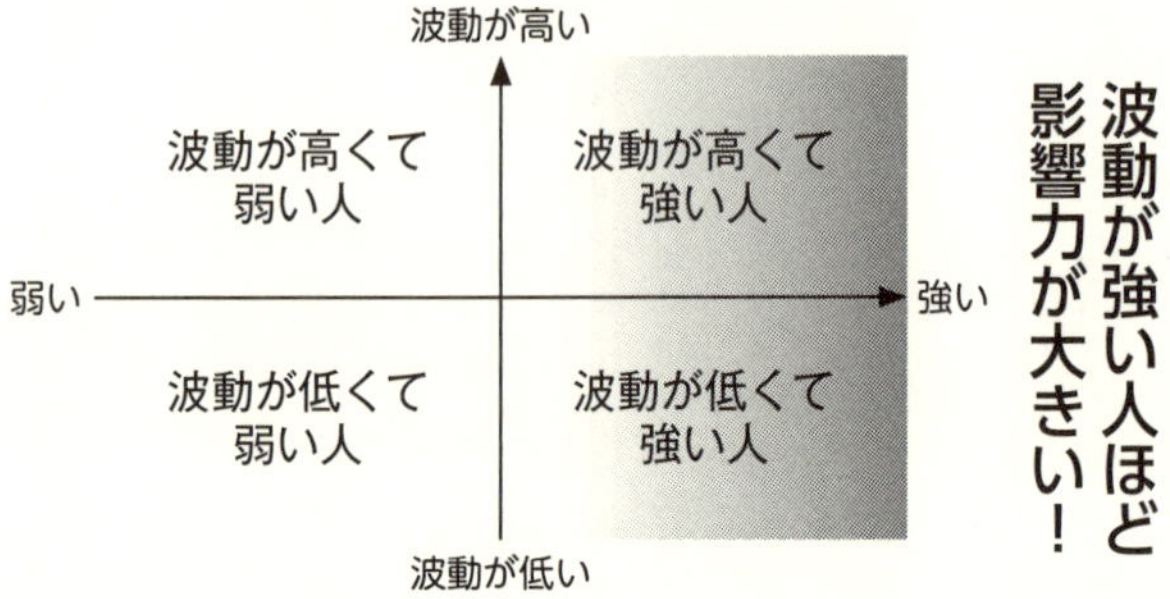

影響力は波動の強さ・弱さが関係しており、影響力が高い人は波動が強い人で、影響力が低い人は波動が弱い人です。波動の強い人が弱い人に影響を及ぼせるようになっているのがこの世界の法則です。

社会では、心が綺麗でとても優しい（波動が高い）人が、乱暴で意地汚い（波動が低い）人に翻弄されているということがよくあります。それはその心が綺麗で優しい人の波動が、乱暴で意地汚い人の波動よりも弱いことから起こっている現象です。

このように、強い波動の者が弱い波動の者に影響を及ぼすようになっています。

ちなみに、世界を波動で分けると、「波動が高くて強い人」「波動が高くて弱い人」「波動が低くて強い人」「波動が低くて弱い人」に分類できます。

波動の「強さ」「弱さ」を決めるものとは？

◉「エネルギー状態」と「エネルギー量」

前述したように、波動には高さ、低さ以外に、強さと弱さがあります。

そして、人への影響力という点では高さ・低さよりも、強さ・弱さが鍵になるので、「モノを売りたい」「人を巻き込みたい」「モテたい」といった人に影響を与えることに関しては、波動を強くする必要があります。

では、どのようにしたら、波動を強くできるのか。そのポイントとなるのが「エネルギー」です。

波動とエネルギーとは同じものです。

私たちを取り巻くすべてのものはエネルギーを持っています。そしてエネルギーには「エネルギー状態」と「エネルギー量」の二つの指標があります。

エネルギー状態というのは、そのエネルギーがプラスの状態かマイナスの状態かということです。これは波動の高い、低いに相当し、エネルギー状態がプラスの場合は波動が高く、エネルギー状態がマイナスの場合は波動が低いと考えてオッケーです。

◉エネルギー量が大きなものは波動が強い

そしてエネルギー量というのは、そのエネルギー量が大きいか小さいかということです。これが波動の強さと同じ意味となります。つまり、エネルギー量が大きいものは波動が強く、小さいものは波動が弱くなります。

このことを考えていくと、波動の強いものはどんなものかが分かってきます。

一般的にエネルギー量というのは、物体の質量に比例します。質量というのは「そのものの重さ」のことで、質量が大きなものほどエネルギー量が大きく、質量が小さなものほどエネルギー量が小さくなります。単純に、身体の大きな人はそれだけで存在感がありますが、それはエネルギー量が大きいから存在感をより感じるのです。

これを波動で言い換えると、質量の大きなものは波動が強く、小さなものは波動が弱くなります。つまり、質量が大きなものほど波動が強く、周囲に影響を及ぼすことができるようになります。

波動と質量の関係を知ると、波動を強くするためには身体を大きくするのが有効な手段に思えますが、そうはしなくても大丈夫です。

人間以外の物体は、質量の大きさがエネルギー量の大きさ、つまり波動の強さに関係しますが、私たち人間は質量を大きくする以外の方法で波動を強くすることができます。これは人間だけに備わった力です。

人のエネルギーは「頭（意識）」「心」「丹田」が鍵を握っています。

簡単に言うと、

・信じる力を強くする
・マイナス感情を処理し、大好きなことをする
・丹田を強くする

ということでエネルギー量は大きくなります。つまり波動が強くなり、影響力が高まっていきます。

波動を強くする具体的な方法については後の章でお伝えしていきます。

「エネルギー量」と「エネルギー状態」

エネルギー量（大）＝波動が強い

エネルギー量（小）＝波動が弱い

エネルギー状態（＋）＝波動が高い

エネルギー状態（－）＝波動が低い

エネルギー量は
質量（物の重さ）に比例する

質量の大きなもの

＝

エネルギー量（大）

＝

波動が強い

＝

影響力（大）

引き寄せの正体は、同じ波動同士が響き合う共鳴現象

◉私たちはそれぞれ、固有の振動数の波動を持っている

ここまで波動に関しての基本的な知識をお伝えしてきました。

波動の原理と使い方を知り、感覚を深め、使いこなしていくと見えてくる現実は本当に変わってきます。

その原理原則であり、波動を語るうえで必ず知っておくべきなのが「共鳴現象」で、これが引き寄せの法則の原理原則となっている考え方です。

では、共鳴現象というのはどういう現象かというと、

「同じ波動のものが響き合う」

という現象です。

インターネットで「ワイングラス　声で割る」と検索していただくと、声でワイングラスを割る動画がヒットします。

その動画を見ると、ワイングラスに顔を近づけ、高音の声を発する男性が出てきます。様々な音程の声をワイングラスにぶつけるのですが、ある声になった瞬間にワイングラスに入れていたストローが激しく振動し出します。それは、ワイングラスの持っている振動数と、発している声の振動数が同じになったため、途端にワイングラスそのものが大きく振動し出した瞬間です。つまり共鳴し合った瞬間です。

そして、同じ振動数の声をワイングラスに当て続けると、振動に耐え切れなくなったワイングラスは割れてしまいます。この「同じ振動（波動）のものを当てると共鳴し、途端に振動し出す」という現象が共鳴現象という物理現象です。

この共鳴現象は、見えないレベルで私たちの日常でも起こっています。

私たち一人一人は、「言葉」「意識」「口癖」「身体の状態」「価値観」「住環境」といった様々なものが要因となって、それぞれが固有の振動数の波動を持っています。

そして、私たちの人生では、自分の波動に共鳴するもの、つまり自分と似たような波動のものと出会うようになっています。

共鳴現象

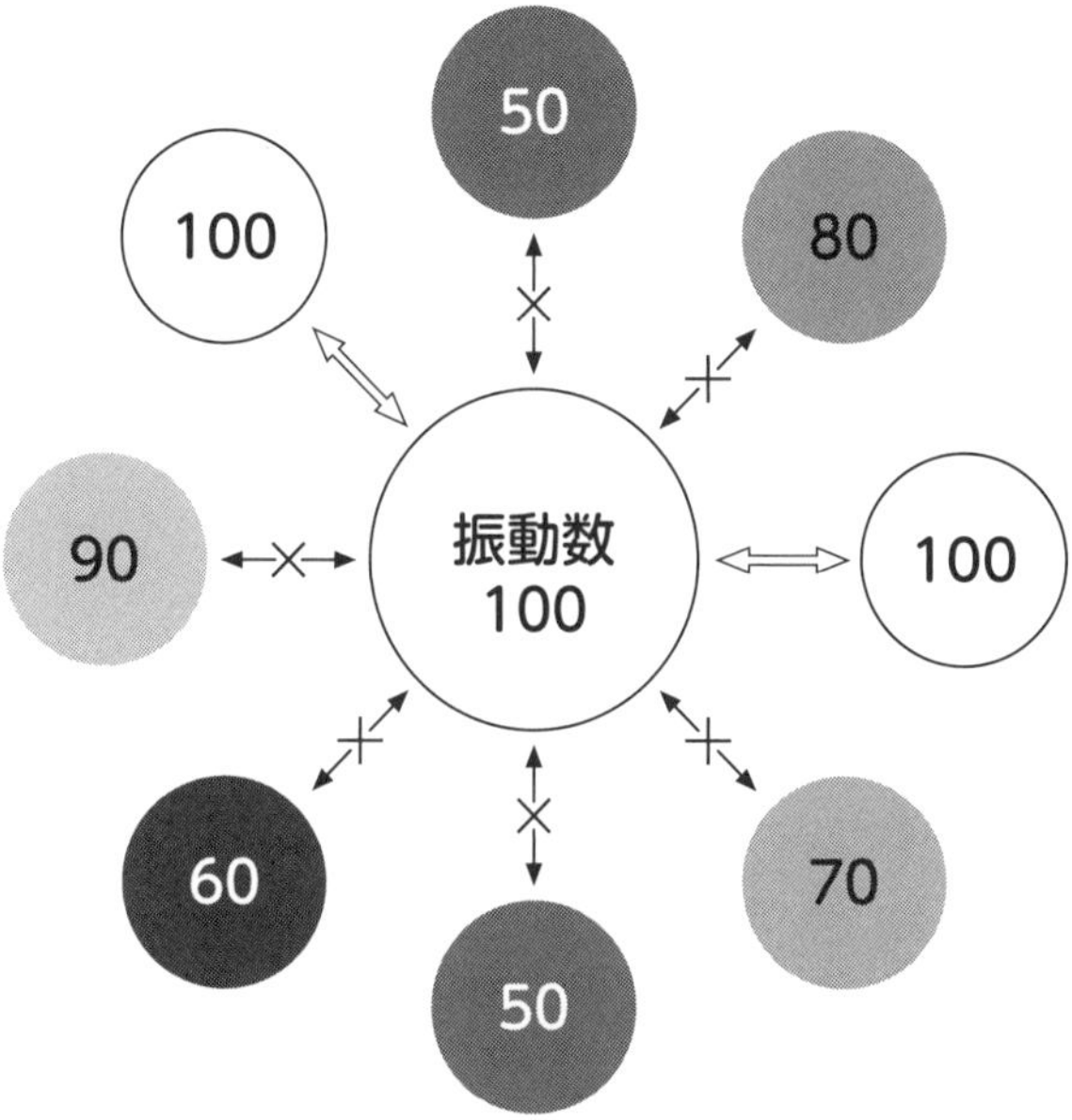

同じ振動数のものとだけ
響き合う！

現実を変えるというのは、自分の波動を変えるということ

◉現実・情報・アイデア……すべてあなたの波動に共鳴している

よく「現実を変える」「望む現実を引き寄せる」という言葉が使われます。

それは波動的に言うと少々意味合いが異なってきます。

私たち一人一人が経験している現実には、ありとあらゆる現実が同時並行的に展開しています。あなたの今この現実に、「幸せな現実」も、「幸せでない現実」も、「豊かな現実」も、「豊かではない現実」も、すべての現実が存在していて、例えば豊かな現実が存在していないように感じるのは、その豊かな現実と今のあなたの波動が違うがために見えていないだけです。

つまり、私たちは数多ある現実の中から「自分の波動に共鳴する現実」を経験しているに過ぎないということです。

今出会っている人たちは、今のあなたの波動と共鳴し合う人たちです。

人も情報も同じ振動数のものが共鳴する

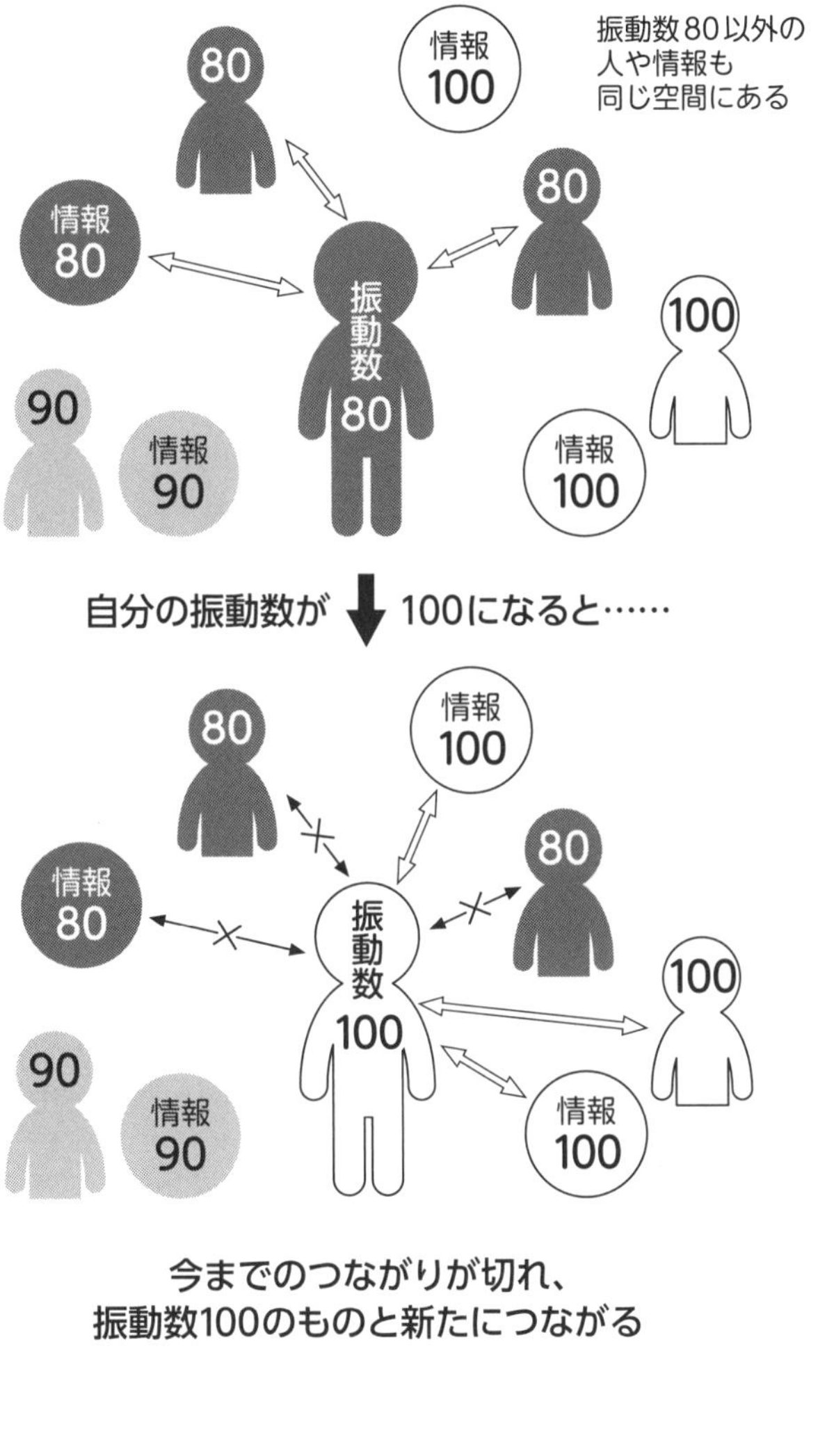

今までのつながりが切れ、
振動数100のものと新たにつながる

今あなたの周囲にある情報は、今のあなたの波動と共鳴し合う情報です。

でも、世界には違う波動の人たち、情報も存在しています。しかし、それらの人や情報とは今のあなたは接触することはありません。なぜなら「今のあなたの波動とは違うから」です。

そのことを考えると、「現実を変える」「望む現実を引き寄せる」という言葉は表現が少々違うかなと感じます。「現実を変える」「望む現実を引き寄せる」のではなく、「自分に見えてくる現実を変える」というほうが適切です。今見えている現実以外のありとあらゆる現実は、本当はあなたの側に無限に広がっているのですから。

そしてもうお気づきのとおり、「現実を変える」つまり、「自分に見えてくる現実を変える」にはどうしたらいいのかというと、「今の自分の波動を変える」ことがポイントとなります。自分の波動を変えれば、共鳴し合う現実が変わるため、自分に見えてくる現実、出会う人も、入ってくる情報も、思考も、アイデアも、すべてが変わってきます。

多くの人は、幸せになるために考えたり、豊かになるためにその方法を探したりします。

しかし、同じ波動のまま考えたり、方法を探したとしても、幸せになるためのアイデアも、豊かになるための方法も見つかるわけがないのです。

それは次の図を見れば明らかです。

波動1　現実1・情報1・人1・方法1・アイデア1・行動1・環境1……

波動2　現実2・情報2・人2・方法2・アイデア2・行動2・環境2……

波動3　現実3・情報3・人3・方法3・アイデア3・行動3・環境3……

波動4　現実4・情報4・人4・方法4・アイデア4・行動4・環境4……

波動5　現実5・情報5・人5・方法5・アイデア5・行動5・環境5……

◉現実を変える唯一の方法

この図では、ある波動の世界には、そこに特有の「現実」「情報」「人」「方法」「アイデア」「環境」などがあるということを示しています。

つまり、波動1の世界では波動1の世界特有の方法やアイデアがあって、波動2の世界では波動2の世界特有の方法やアイデアがあるということです。

例えば今幸せではない自分の波動が波動4であるならば、その自分でいくら考えたり、方法を探したとしても、出てくるアイデアや見つける方法は波動4の世界のものでしかないのです。

幸せで豊かな現実は波動1の世界であるなら、幸せに豊かになるには、波動1の世界の方法やアイデアにアクセスする必要があります。

つまり、幸せになるために本を読んだり、ブログを読み漁ったり、セミナーに行ったりしても、その人の波動が同じであるなら、その本、ブログ、セミナーの中に幸せや豊かさにつながるたくさんの情報があっても、そのたくさんの情報の中から自分の波動に合うものにしか反応しないのです。皮肉なことに、いつも必死に取り組んでいても全然変わらない人は、「今の波動を維持し続ける方法・アイデア」をずっと探し、取り組んでいるということです。

現実を変えるには、考え方を変えたり、現実を変えるアイデアを出す前に、今の自分の波動を「幸せな波動」「豊かな波動」「願望が実現する波動」に合わせ、その状態になってから方法やアイデアを出し、それを実行することです。すると、その波動に共鳴する現実が見えてくるようになってきます。

自分がどの現実にアクセスしているか？

自分の周囲にすべてある

自分の波動が変わると
違う現実にアクセスできる
||
現実が変わる、
願望が実現する、
幸せになる

第二章

ベース波動を整えよう

身口意《しんくい》と環境で自分のベース波動が決まる

現実を変える、つまり「自分に見えてくる現実を変える」には、まずは自分の波動を変えていくことが大事で、そのためには「身口意を意識すること」と、「自分がいる環境を整えること」が一番の基本になります。

◉身口意を意識する

身口意とは、「しんくい」と呼ぶ仏教用語で、業《ごう》のことを言います。業とは「ふるまい」や「行為」と言われ、それが自分の現実に影響を及ぼしていると考えられています。そして身口意は、それぞれ「身業・口業・意業」と言われているものです。つまり、身口意を変えていくと、人生で起こることが変化すると解釈できるのです。

では、身口意とはそれぞれ何かというと次のようになります。

身業：行動や身のこなしのこと

口業：口ぐせ
意業：思考、意識していること

つまり、行動、口ぐせ、意識を変えると人生が変わるということです。

身口意はそれぞれ私たちの波動に大きな影響を及ぼします。よく「ありがとう」を唱えましょうと言われたりしますが、それは口業をより波動の高いものにしていく習慣になります。同じように波動の高い行動や身のこなし、思考というものがあり、身口意すべてを波動の高いものにしていくと、自分の波動は変わっていきます。

それらの詳細は後の章で徐々に触れていきます。

◉自分がいる環境を整える

波動は強いもの（質量の大きなもの）が弱いもの（質量の小さなもの）に影響を与えるため、私たちは、環境の影響を非常に受けます。

日本各地にある高級住宅地は総じて波動が高い場所で、そこに住んでいるほとんどの人たちが豊かです。それはその土地の波動の影響を受けることで、豊かな波動となり、それが現実として展開するからです。

第一章で「波動の強さ弱さ」のことをお伝えしましたが、質量が大きいものは波動が強く、より周囲に影響を及ぼすことになります。だから、私たちは環境の影響を受けやすいのです。

つまり、普段自分が多くの時間を過ごす場所である家や職場の環境を整えていくと、自分のベースとなる波動も変わってくるということです。

そのほかにも、自分の波動に影響を及ぼすものはいろいろとあります。代表的なものを紹介していきます。

〈自分の波動に影響を及ぼすもの1〉環境

先ほど高級住宅地の例を出しましたが、私たちは環境の影響を著しく受けています。ですので、引越しをすることで人生が変わることも少なくありません。

日当たりや風通しが悪い場所は波動が低く、それによって私たちの波動も下がってしまいます。また、地域の神社（氏神さま）が元気のない土地や元々あったお祭りがなくなってしまった土地は、波動が下がっていたりします。

環境ということでいえば、自分が普段過ごす空間も大切です。

散らかっている部屋やホコリが積もっている部屋、必要のないものがたくさんある部屋は波動が低く、片付けや掃除などをすると波動が変わり、結果として現実が変わったりします。

また、波動はモノにも宿っています。自分が好きなものには自分の気分が良くなる波動が宿っていますし、嫌いなものには気分を下げる波動が宿っています。

人生を変えるために断捨離が良いと言われたりするのは、例えば過去の思い出の品にはその思い出のときの波動が宿っているため、悪影響を与えているその思い出の品を捨てることで、波動が上がり、現実が変わるからです。

〈自分の波動に影響を及ぼすもの2〉人

あなたは普段どんな人と過ごしているでしょうか？

その人たちはどんな行動をして、どんな言葉を使い、どんな思考をしていて、どんな価値観を持っているでしょうか？

それらはあなたの波動に大きな影響を与えています。もちろん、ここまでお伝えした

「共鳴現象」でもあるように、あなたが普段関わっているその人たちの波動はあなたの波動と近く、あなたの波動と共鳴する人たちであり、その関わる人たちはあなたのその波動を維持することに非常に大きな影響を及ぼしています。

事実、「人生はどんな人と出会うかで変わる」と言われたり、「普段付き合う人の平均年収が自分の平均年収になる」と言われたりすることがあります。年収の話の是非は分かりませんが、それは自分の波動は人の影響を受けているという意味の言葉です。

また、今まで自分のやりたいことを実現できなかった人が、自分が本当にやりたいことを実現していく過程では必ず友達の総入れ替えが起こると言われたりします。

あなたがもし何かやりたいことがあるなら、また叶えたい現実というものがあるのであれば、今の周囲にいる人たちに相談するのではなく、やりたいこと、叶えたい現実を実現している人に会い、話を聞いてみることをお勧めします。今、周囲にいる人たちに相談しても良い結果は期待できないでしょう。

〈自分の波動に影響を及ぼすもの3〉感情

感情というものはとてもエネルギーを持っています。そして、その感情が私たちの波動に大きな影響を及ぼしています。

ただ「感情」とは言っても、普段の喜怒哀楽を表現しないようにするのではありません。波動を気にして怒ることを抑えたり、泣くことを抑えたりすることはよくありません。普段は波動を気にせず、沸き起こってくる喜怒哀楽の感情をきちんと表現していくことが大切です。

ここで言う「波動に大きな影響を与える感情」とは、過去に感じたものの、発散することをせずに潜在意識に溜まっている感情のことです。

私たち現代人、特に日本人の多くは、普段から理性的に生きることを優先するあまり、「感情を表現する」ということを疎かにしています。腹が立っても周囲との軋轢が生じることを恐れ、怒りを表現することを抑えこんでしまったり、悲しい感情を感じているのに、泣いてはいけないという教えの元、その悲しい感情を抑えていたりします。

ただし、その「感じることをされなかった感情」というのは、それでなかったことにはなりません。その感情は潜在意識に溜まってしまいます。

そして、前述したように、感情はエネルギーを持っているため、潜在意識に溜まったマイナスの感情は、その人の波動を下げてしまううえに、その感情がちゃんと表現され、発散されるまでその感情エネルギーはその人に溜まり続けるのです。ちなみに、それがいつまでも発散されない場合、そのエネルギーは最終的には病気や事故といった形で発散されることになります。

感情はちゃんと表現されることで抜けていきます。ですので、笑いたいときは笑い、怒りたいときは怒り、泣きたいときは泣く。そうやって素直に感情を表現していくことが感情を溜め込まない秘訣です。

ちなみにお酒を飲んで酔っ払うと、潜在意識に溜め込んだ感情が出てきやすくなります。ですので、普段から怒りを溜めている人は怒り上戸になり、普段から悲しみを溜めている人は泣き上戸になります。

〈自分の波動に影響を及ぼすもの4〉食べ物

私たちの身体の状態は、波動にとても影響を与えます。疲れているときは波動は下がりますし、二日酔いのときも波動は下がります。

そして身体は食べ物の影響を受けていますので、当然食べ物で波動の状態は変化し、何かを食べた後は確実に波動は下がります。

そうは言っても何も食べないわけにもいかないため、極力波動を下げないように気をつけたいものです。

そのためには、私は食べ物の専門家ではないため基本的なことになりますが、

・お水を飲む
・楽しく食べる
・感謝する

ということです。

世の中には「肉を食べると波動が下がる」という方もいらっしゃいます。それは本当だろうなと思いますが、私はお肉が大好きですので、それを我慢するのは嫌だと思っているタイプです。

我慢するよりも、大好きなものを楽しみながら、感謝しながら食べれば、その波動は変わりますので、私はそれを実践しています。

以前一週間の断食をしたとき、五日目あたりから幸福感が著しく増した経験をしまし

た。そのとき、食事による波動の影響を実感しましたが、そのことを認識しながらも私は「楽しく食べる」ということを選択しています。

食べ物は私たちの波動に影響を与えています。それを踏まえてどんな選択をするかはご自身で判断ください。

〈自分の波動に影響を及ぼすもの5〉念

私たちの意識はエネルギーを持っていて、それからあなた自身も影響を受けますし、人にも影響を与えます。

人の意識や想いのことを「想念」「念」と言います。そして、それは見えないレベルで人の波動に影響を与えます。

「祈り」も念と同じです。「早く元気になりますように」という祈りの念は、その人の波動を高くし、プラスの影響を与えます。逆に、心配はマイナスの念となり、心配の対象となる人はそれによってマイナスの影響を受けたりします。

マイナスの念は他にもいろいろとあります。

美人薄命と言いますが、実はこれも念が関係しています。美人の人は、同性の嫉妬の念

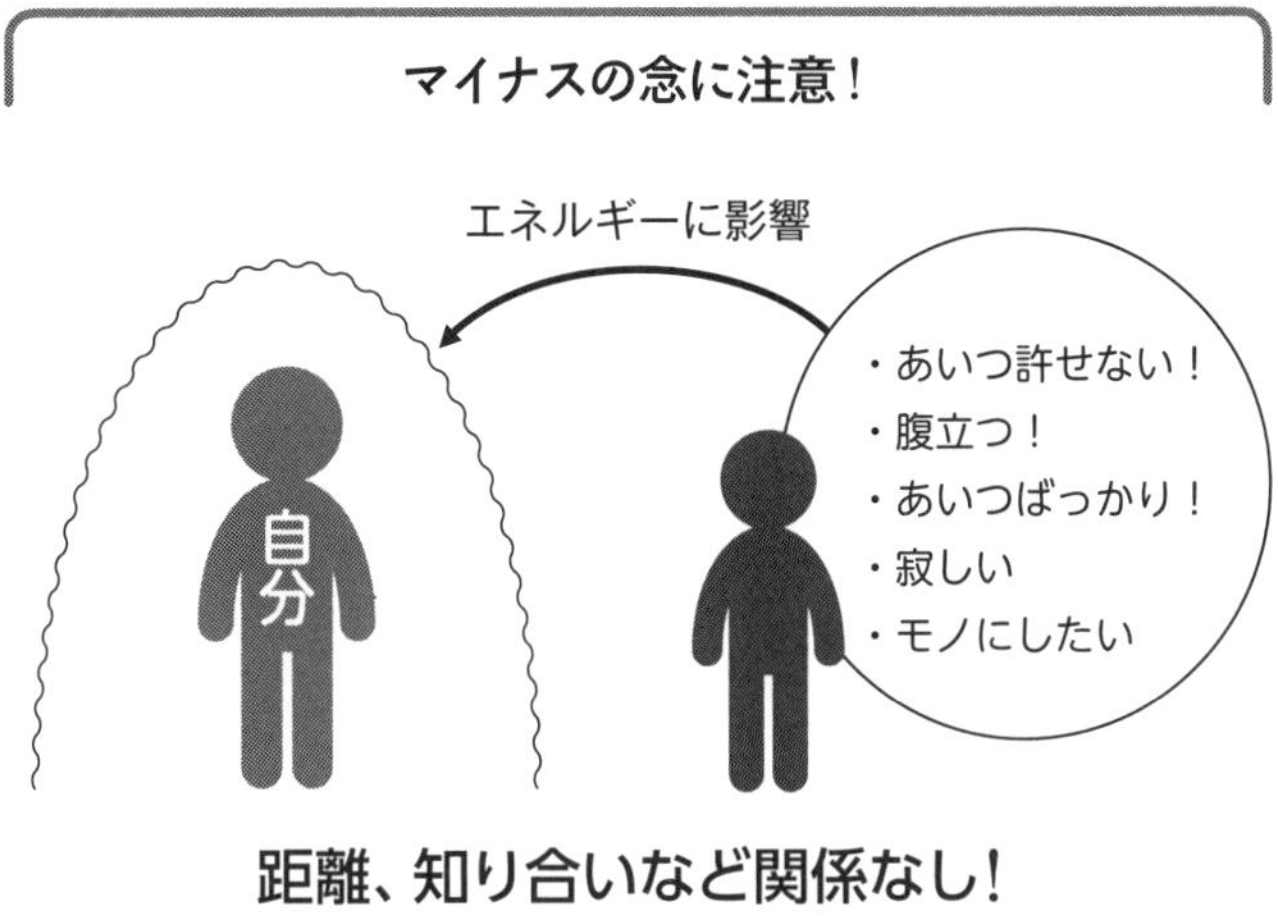

を受けますし、異性からもたくさんの念を集めます。また結婚なんかしようものなら「なんで自分じゃないんだ⁉」というたくさんの念を送られてしまいます。これらはすべて無意識的なものですが、それでもその積み重ねで影響を受け、それが体に影響し短い命になってしまうのです。

また強い嫉妬、強い好意、強い羨望などはより強力な念となり、それが生き霊となって対象となる人の体調などを狂わせたりします。

最近ＳＮＳなどで、実生活の充実ぶりをアピールする「リア充アピール」が話題になったりしますが、行き過ぎには注意が必要です。それによってもし誰かの嫉妬などを集めてしまったら、それが自分の波動によからぬ影響を与えてしまいます。もちろんやるなということではありませんが、自慢も程々に留めておくほうが本当の幸せが体感しやすいのではないでしょうか。

〈自分の波動に影響を及ぼすもの6〉携帯やSNS

私たちの日常には、携帯電話は切っても切れない道具として定着しました。

それはとても便利なもので、私たちの生活を一気に向上させてくれました。しかし、この文明の利器が見えないレベルで私たちの波動に影響を与えています。

あなたの携帯にはどれくらいの人が登録されているでしょうか？　携帯電話の電話帳だけではなく、ＬＩＮＥで繋がっている人、ＦＡＣＥＢＯＯＫで繋がっている人、ＦＡＣＥＢＯＯＫのメッセンジャーで繋がっている人。それらはどれくらいの人数になるでしょうか？　実は、携帯のメモリ、ＬＩＮＥ、ＦＡＣＥＢＯＯＫ、メッセンジャーなどで繋がっている人からも波動の影響を受けることになります。

次の章で、携帯メモリの断捨離のことをお伝えしますが、ネットワーク上で繋がっている人からの影響は結構ありますので、むやみやたらに知らない人やネガティブな人とは繋がらないほうがいいですよ。

第三章

波動を使いこなすために知っておきたいこと

波動を感じられるようになるためのコツ

◉みんな波動をキャッチしている

波動のことをお伝えすると、「自分は波動を感じられない」「どんな波動が高いのかが分からない」ということを言われることが多いです。しかし、波動を感じられないということはありません。本当はみんな波動を感じています。

例えば小さい頃、お父さんとお母さんが喧嘩しているときに家に帰ると、言い争いをしていなくても一瞬で何か異様な空気を感じたりしませんでしたか？

また、観光地やどこかの店に行ったときなど、「ここは何だか気持ち悪い」とか、「ここは何だか心が癒される」と感じたことはありませんか？

それらはすべてその場所の波動をキャッチしているから感じていることです。

本当はみんな波動を感じています。しかし、それを頭で「波動を感じている」と意識できていないだけなのです。

道を歩いていて何だか気持ちが良いなら「気持ちが良い」と感じてみること。そして気持ち悪い場所は「ここは気持ちが悪い」と感じてみること。そうやっていつも自分の感覚を確かめていくと、どんどん微細な感覚も感じられるようになります。

波動を感じられるようになるために、日常で取り組めるのはこういった方法ですが、とっておきの方法があります。

それは、最高波動の場所に行ってみることです。

最高波動の場所でオススメなのは、伊勢神宮の御垣内です。特別参拝ですので、正装をしたうえでお金を払わないと入れない場所ですが、そこの波動はとてもクリアで清浄な感じがします。

その感覚を覚えておくと、高い波動の一つの基準ができます。その基準を覚えておくと、それとの比較で波動を感じることができるようになります。

すべての基本は浄化

◉三つの浄化で身を清浄に保つ

41ページの図のように自分の波動を高くしていけば、その高い波動の現実や人や情報にアクセスするため、自分の現実として見えてくるものは必然的に高い波動のものになっていきます。

したがって、波動を高く保つことを意識することはとてもいいことですが、そのための基本はいつだって「浄化」です。

実は、日本人は古来よりこの浄化というものをとても大切にしてきた民族です。

例えば、日本では家に帰ると靴を脱ぎます。それは、靴についた外の邪気を家の中に入れないようにする知恵ですし、神社で参拝する前に手を洗い、口をすすぐのは、簡略化した浄化の手法です。家に帰ったときの手洗いうがいは、本来は風邪予防などではなく邪気の浄化の習慣です。神社でやる柏手も浄化、ご祈祷でしてもらうお祓いも浄化です。

このように日本人は浄化というものをとても大切にしてきました。これは昔の日本人は波動のことをよく分かっていて、それを使いこなしていたからだと考えられます。

そして、浄化には、

・潜在意識の浄化
・身体の浄化
・エネルギーの浄化

の三つがあり、日常的にすべてに取り組み、身を清浄に保っていくイメージでいるといいかと思います。

潜在意識の浄化…心に溜まった感情のエネルギーを吐き出す

潜在意識の浄化とは、心に溜まった感情のエネルギーを吐き出していくことです。

◉潜在意識の浄化方法

潜在意識の浄化は次のワークで行います。

①一人で集中できる静かな時間を取ります。

②白紙を用意し、そこに負の感情を書き出してください。過去の誰か（両親、兄弟、祖父母、親戚、先生、友達、自分自身…）への悲しみ、憎しみ、怒り、くやしさ、苦しみ、満たされない想いなど様々なエピソードを思い出しながら白紙にグルグルと円を描いていってください。

③書き終わったら、次のセリフを呟いて自分の心をチェックしてください。

④「心に溜まった負の感情はすべて吐き出せただろうか？」

さらにまだ出てきそうなら、さらに書き出してください。

⑤再度自問自答し、すべて出せたと感じたら、その紙をビリビリに破ります。これまで溜め込んでいた感情は吐き出され、目の前の紙に移動しました。破ることで溜まった感情がすべて破壊され、なくなっていくのをイメージしながら実行してください。

⑥できる場合は紙を燃やします。燃やせない場合は、自分の手でゴミ箱に捨てて、感情を捨てるイメージをしてください。

◉潜在意識の浄化の注意点

【注意1】円をグルグルと描くだけでなく、思い思いに書きなぐってください。思い出し、感情を感じながら書きなぐることで感情は紙に移動していきます。

【注意2】このワークの目的は「感情を出すこと」です。それをする際には道徳観、倫理観が邪魔になります。例えば、親に対して恨みの気持ちを持っているのに、「そんなことを思ってはいけない」と思っていると、その感情はクリーニングできません。恨みの感情を持っているのなら、それをちゃんと吐き出してください。吐き出せばそれで終わりますが、吐き出さないとそれを持ったままでまた日常を送ることになります。吐き出してクリアにして生きるか？　それともそれを持ったまま生きるか？　吐き出し、終わらせて生きていかれるといいですね。

【注意３】最低でもあと二回は取り組んでみてください。最初に出るのは潜在意識のごく表層のものです。あと二回くらい行うことで、いろいろなものが出てきますので、あと二回は取り組むようにしてください。

身体の浄化…基本は三つ

◉身体が疲れていると波動は下がる

身体の浄化でまず一番大事なのは「よく寝ること」です。

私たちは寝ている間、特に深夜2時から4時の間に浄化をしてもらっています。また眠ることで疲れも取れ、それによって身体の波動は上がりますので、よく休むことはとても大切です。

そして次に大事なのが呼吸で、特に深呼吸です。

呼吸は身体を柔らかくしますし、リラックスを促すうえ、身体に溜まった汚れを浄化してくれます。一日のうちに気づいたときでいいので何度か深呼吸するようにしていかれるといいでしょう。

そして残る一つは「水を飲むこと」です。

私たちの身体の7割は水でできていると言います。そして、その水が汚れているイメージをするといいでしょう。

良質な水を摂取することで、老廃物などを汗や尿によって出していきます。そうすることで体内の水分を浄化していきます。

当たり前のことですが、身体が疲れていると波動は下がります。そして、疲れていると思考までネガティブになっていきます。

仕事をしていると身体に鞭打って頑張らなければならないときもあり、いつもよく休むということができるわけではありませんが、いつもいつも鞭打っていると波動はどんどん下がっていきます。

波動的に見ていくと、休むことというのはとても重要な行為です。よく休んでよく寝る。体に鞭打つばかりではなく、そうやって身体を休め、パフォーマンスをアップさせることを意識されるほうがいいですね。

エネルギーの浄化…エネルギーフィールドに溜まった邪気を払う

◉日常的にできることをやっておく

私たちの身体の周りにはエネルギーのフィールドがあります。よく「オーラ」などということが言われますが、それと同じです。

前の章で「念」についてお伝えしましたが、誰かの念はこのエネルギーフィールドに邪気として溜まり、その人の波動を下げてしまいます。そうやって溜まった邪気は、その人の波動を下げて低い波動のモノと同調するだけでなく、直感を妨げてしまったりします。

このエネルギーフィールドを浄化するには様々な方法があり、最終的には誰かにケアしてもらわないとクリアできないものでもありますが、日常的に自分でできる範囲でいうと、

・海由来のお塩を入れたお風呂に入る
・瞑想

エネルギーフィールドには邪気が溜まる

・深呼吸

などが有効です。

多くの人が多くの邪気を溜めているため、一度邪気の大掃除をされるといいかと思いますが、邪気は波動と同じで強いものが弱いものに影響するため、強いエネルギーでしか邪気を浄化することはできません。浄化のワークなどをされる方も多いですが、受けられる場合には、その人のエネルギーがどういった感じかを見られるといいでしょう。

また邪気を神社仏閣でクリアすることもできます。特に不動明王がまつられているお寺のご祈祷は、お経とともに太鼓も叩いたりしますす。それにより邪気が浄化されていきます。

場を整えて波動を上げる1・部屋の断捨離

◉なぜ、断捨離で人生が変わるのか

「断捨離をすると人生が変わる」

よく言われる言葉ですが、これは波動的にも正しいです。なかには片付けが苦手な人もいると思いますが、これは心理的な部分も大いに関係していますので、なかなか片付けられない自分を責める必要はありません。

そんなときはまず片付けられない自分に浸り、その自分でいて感じることを感じその自分をひたすらに認めていくことが大事です。

そのことを注意点と踏まえてお伝えすると、断捨離をすると波動は確実に変わります。なぜかというと、前の章でもお伝えしましたが、「モノにはその時の波動が宿っている」からです。

僕たちの周囲にあるものは、それを買ったとき、それを手に入れたときの自分の波動と

共鳴したものです。もしそのときの波動が低かったのであれば、そのモノの波動は低く、それが日常の環境の波動を下げてしまう要因になります。

波動を下げる要因となるものを捨てることで、自分が日常を過ごす場の波動が変わり、結果的に自分の波動が変わっていくことにつながります。

それではどういったものを捨てればいいかというと、

・この一年使っていないもの
・本
・過去の思い出の品
・理想の自分に相応しくないもの

などです。

【この一年使っていないもの】

この一年使っていないものは、思い切って捨ててしまいましょう。もし必要になったら、そのときにまた買ったり、借りたりすればいいのです。

この一年着ていない服、履いていない靴、身につけていないアクセサリーなどはありませんか？　もしあるなら処分してしまいましょう。全部とまでは言いませんが、クローゼットを見渡すと、それほど着ない服は結構あるものです。

それらが自分を今の波動に固定し、新しいものが入ってくる流れを阻害しているかもしれません。「また着るかも？」という思いが出てくるかもしれませんが、自分の波動が変われば、着る服の趣味も微妙に変化していくものです。ですので、思い切って処分してみてください。


【本】

もう読み終えてこの一年読んでいない本、「そのうち読もう」と思ってそのままにしてある本。そういった本があれば処分してみるといいです。

一度読んでその後読んでいない本はもちろんですが、「そのうち読もう」と思って読んでいない本は、おそらく「読んだほうがいい」「読むと成長する」と思っているものだと思いますが、本当はそうではありません。それらの本は今の自分には必要のない本です。

必要なときにはちゃんと出会いますし、ちゃんと読みます。だから思い切って処分することをおススメします。

私もこれまで膨大な数の本を読んできましたが、かつてある人のアドバイスで家にある本を全部処分したことがありました。数にして約300〜400冊くらい。そうしてみたところ、面白い変化を経験しました。

処分するまでは何か疑問に思ったことがあると、必ずその答えが掲載されていそうな本を探し、それを読んでいました。しかし、すべての本を処分してしまった後は答えを求める先がありません。

どうしたかというと、自分に聞くようになりました。するとどうでしょう。答えが思い浮かんでくるのです。そのとき「必要な答えはちゃんと自分の中にある」ということを体感しました。

ちなみに、そのとき自分のバイブル的な本まですべて処分したので、その後、バイブル的な本は買い戻し、それらは今も本棚にあります。でも、私の部屋の本棚には驚くほど本が少ない状態になっています。

【過去の思い出の品】

過去の思い出の品は自分がいる場所の波動を固定してしまうため、できれば処分されるといいです。

思い出の品々には、その当時の自分の波動が宿っています。それに触れるとその当時のことを思い出すのは、その瞬間自分の波動がその当時の波動になり、その当時の波動世界にアクセスするからです。これから作っていく自分の現実がより素晴らしい世界であるなら、それらの品々が足を引っ張ることになるかもしれません。

特に元彼、元彼女からのプレゼントなどは、たとえそのパートナーへの想いとは関係なくそのアイテムそのものを気に入っているとしても、そのアイテムにはその当時の波動が宿っていますので、それはいったん処分したほうがいいです。たとえ高価なものであってもです。

もし本当に素敵な品で、それがどうしても欲しいなら、同じものを自分で買うか、新しいパートナーにプレゼントしてもらうのもいいですね。

【理想の自分に相応しくないもの】

後の章でワークを通して出していきますが、自分の中には実現可能な理想的な自分というものがいます。その自分は実現できる自分で、実現のために必要な才能や能力、可能性は、自分が気づいていないだけで、自分の中にあります。それらを開花させていけば、理想の自分とその自分が送っている現実は実現可能です。

今の自分の周りに、その自分にとって相応しくないものがあれば思い切って処分しましょう。そして、理想の自分にピッタリのモノに買い替えるとよりいいです。

ただし、あまり無理をする必要はありません。使えるお金にも限りがありますので。自分ができる（と思っている）範囲の少し外側くらい、少し無理をするくらいを意識し、少しずつ買い替えをしていくのがコツです。

場を整えて波動を上げる2・携帯メモリの断捨離

◉一度リセットしてみよう

前の章でもお伝えしましたが、私たちは携帯電話やパソコンで繋がっている人からの影響も受けています。携帯電話のメモリ、LINEで繋がっている人、FACEBOOKで繋がっている人が、自分の波動に影響を及ぼしているのです。

もし嫌いな人、情報が入ってくると気が重くなる人などと携帯電話のメモリ、LINE、FACEBOOKなどで繋がっているなら、その人の番号を消したり、繋がりを一旦遮断するといいでしょう。FACEBOOKは、相手に分からないように表示されないようにすることも可能です。見ると不快になるような相手ならば、あまり目に入らないようにしたほうがいいです。

また、しばらく連絡を取っていないような人であれば、消してしまっても大丈夫です。万が一、将来的にその人とのご縁が必要になることがあれば、そのときにはちゃんと繋がれるようになっていますから、一度リセットしてしまいましょう。

私のメンター（師匠）は、二年に一度くらいのペースで携帯電話の番号も変えるらしいです。そうやって一旦繋がりをすべてリセットし、今必要な人とだけ関わるようにしているらしいのです。気をつけている人はそれくらい繊細に注意を払っています。

また、FACEBOOKやインスタグラムなどで、お酒の席などでの口を開けて写っている写真をアップすると、たくさんの邪気が入ってきてしまいます。

あまり気にしすぎるのもよくはないですが、程々にしておくほうがいいかなと個人的には思っています。

定期的に自然に入って波動を調整する

◉日常の空間の波動は、自然と人を焦らせる

一番身近で波動を高くする方法は「自然に入る」ことです。

私は自分が何をするために生まれてきたのかという「人生の目的」を思い出すミッション合宿というものを不定期開催しています。合宿では自然のたくさんある最高波動の場所に行きますが、自然の中はとても波動が高く、合宿を終えて日常の空間に戻ってくると、波動の差をとても感じます。

街中に戻ってきて一番感じるのは、日常の空間の波動は、そこにいるだけで自然と焦ってしまうものになっているということです。逆に自然の中にいると、心が穏やかになり、時間がとてもゆっくりと流れている感覚になります。それは波動が高い証拠です。波動の高い場所にいると、心配事などが軽くなってくるのです。

月に一度は自然の豊富な場所を訪れ、そこでのんびりと過ごすことをお勧めします。

良い言葉を使って波動を高くする

◉無意識にマイナスの言葉を使っていないか

私たちの波動は使う言葉によって変わります。

なぜなら、言葉に応じた波動状態を脳が覚えているからです。例えば「疲れた」と言葉に出すと、脳はその状態を作り出しますし、「元気」と言葉に出すと、脳はその状態を作り出します。

言葉に気をつけるだけで日々の波動が変わり、人生そのものが変化していきます。つまり、波動を変えて人生を変えるための一番手っ取り早い方法が「言葉を変えること」です。

ただし、自分に嘘をついてまで、無理矢理良い言葉を使えということではありません。

自分が苦しいと感じているときに、その苦しさをちゃんと感じず、「楽しい」と無理矢理言うと、その「苦しい」という感情のエネルギーは身体に溜まり、結果的に波動を下げてしまいます。

では、どうすればいいのか。普段思っているのに発していないプラスの言葉を発したり、無意識的に使っているマイナスの言葉に気をつけたりということが大事です。それだけで波動状態は変わってきます。

例えば、カフェなどで心の中では「ありがとう」「ごちそうさま」と思っているなら、あえて「ありがとうございます」「ごちそうさまでした」と言葉に出してみましょう。もし思っていないのであれば、言う必要はありません。言うことが良い、言わないのが悪いというのではなく、良いことを思っているなら言葉に出したほうがいいですよということですからご注意ください。

逆に、無意識的に発しているマイナス言葉があります。

「できない」「難しい」「どうせ無理」「ダメだ」などです。それらも発してしまうことは悪いことではないので、発した後に、

「できない」→「やったことないだけかも」「そのうちできるかもしれない」

「難しい」→「今はそう思うだけ」「慣れればできるかもしれない」

「どうせ無理」→「やり方を変えればできるかも」

「ダメだ」→「今回はダメだっただけ」

などといった言葉を付け足してみると状態は随分変わってきます。

ただし、この言い換える言葉は自分が納得いく内容でないと心が苦しくなってしまうので注意が必要です。

◉完了形の言葉を使う

また言葉を使うとき、完了形を使うと効果的です。私の会社で主宰しているビジネスアカデミーのメンバーで「幸せになるパン」を売っているパン屋さんがいます。パンそのものも無添加で非常に美味しく、使う水や材料にも食べた人が幸せになる仕掛けをいろいろしてあるのですが、それ以外にもパンを食べて幸せになるための方法として伝えられていることがあります。

それはパンを食べるときに「幸せになりました。いただきます。」と言ってから食べるという方法ですが、これはとても理にかなっています。というのも、完了形を使うことで私たちの脳はその状態を作り出すからです。そして、身体が幸せの波動になれば、その波動に共鳴する人や現実、情報を見つけるわけですから、自分の周囲に幸せなものが増えていきます。

では、これが「幸せになりますように」だったらどうでしょうか？　幸せになりたい人は、今幸せではない人です。「幸せになりますように」と唱えるごとに、幸せではない波動を身にまとうことになります。

「幸せになりますように」ではなく「幸せになりました」。言葉は完了形で使ったほうがより効果的に働くのです。

言葉は波動を変えて人生を変えるための手っ取り早い道具です。

良い言葉を使い、見えてくる現実の変化を楽しんでください。

良いイメージをして波動を高くする

◉脳は、イメージも現実と解釈する

言葉同様、私たちが普段するイメージも波動に影響を与えています。波動の低い自分をイメージすると、そのときの波動は低くなってしまいますし、波動の高い自分をイメージすると、高くなります。

なぜ、そんなことが起きるのか。これには、脳が大きく関係しています。

私たちの脳は、目から入った映像を目の奥にある網膜というスクリーンみたいな場所に映し出し、その移った映像を現実と解釈し、反応しています。ここで重要なことは、現実を現実と判断しているのではなく、網膜に映った映像を現実と判断しており、私たちが頭の中でイメージしたことは同じように網膜に映し出されるのです。

つまり、脳は現実とイメージしたことの区別がつかず、イメージしたことも現実と解釈するのです。例えば、私は海に行ったときなどは波の動画を撮り、それをブログにアップ

脳は網膜に写った映像を現実と解釈する

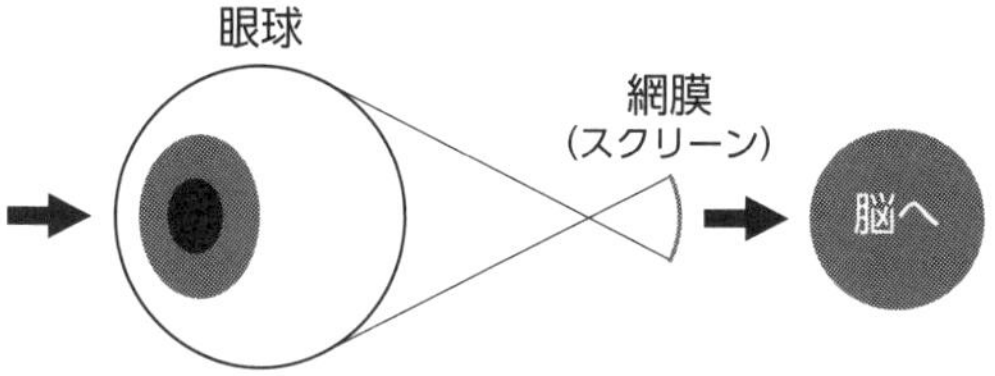

現実は眼球を通してこの網膜にも映し出される

なんと、イメージしたことも網膜に映る！

したりしますが、一度その動画を見て、その後目を閉じ、海のその場所にいるイメージをしながら波の音に浸ると、脳は本当にその場所にいると勘違いし、身体がリラックスし、波動が変わるのです。

そうやってイメージを活用することで波動を変えることができます。いつも最高の自分をイメージし、「自分はそうなんだ」と思うだけで仕事や日常でのパフォーマンスは変わってきますし、見えてくるもの、聞こえてくる情報、出会う人なども少しずつ変化してきます。

常にいいイメージを持つようにしましょう。

【習慣の盲点】がんばると波動は下がる

◉仕事が間に合わない！　どうする？

私たちがこれまで「良い」と教えられ、信じ、実行してきたことの多くは波動を下げる行動だったりします。

その代表的なものが「がんばる」というもの。私たちはがんばることが良いことだと信じてきましたし、よく「がんばってください」とか「がんばります」と言いますし、自分の現実が思わしくないときや何かを達成できないときには、「自分のがんばりが足りなかったからだ」と思ってしまいます。がんばることというのは、私たちの心の中にまるで神話のように巣食っています。

しかし、がんばると波動は下がります。

波動が高い状態をざっとあげると、

・ゆっくり
・丁寧
・穏やか
・楽しい
・ワクワク
・リラックス

といった状態です。
そんな状態のとき、私たちの波動は高くなり、波動の高い現実の結果が得られるようになります。

「穏やかな気持ちで身体もリラックスし、ワクワクすることに丁寧に取り組む」

そんな状態が最高波動の状態です。
逆に、波動が低いのは、

・がんばる
・焦る
・急ぐ
・必死
・呼吸が早い
・楽しくない
・身体が固い

そんな状態です。
この状態のとき、あまり良い結果は得られません。
私が主宰する講座のなかでよくあるエピソードとして、

「家を出る時間が遅くなり、明らかに遅刻というタイミングだったのに、なぜか電車が待っていてくれて遅れなくて済んだ」

「明らかに間に合わない仕事量なのに、なぜか時間通りに終わらせられた。まるで時間が延びたように…」

というものがあります。講座の中でのあるあるです。
なぜそんなことが起こるのかというと、「波動を高くしたから」です。
遅刻しそうなとき、仕事が間に合わなさそうなとき、多くの人は必死にがんばります。
私の講座では、そんなときほど、

「時間はある」と意図し、急ぐことをやめ、深呼吸をする

と指導しています。
それをやると、本当に不思議なのですが、すべての事がうまく運んでいくものです。一度やってみてください。実感すれば、「波動による見えてくる現実の違い」が実感できると思います。

【習慣の盲点】思考を使うと波動は下がる

◉高い波動状態でアイデアを出す方法

私たちがこれまで「良い」と教えられ、信じ、実行してきたけれど、実は波動を下げてしまうもののうち、「がんばる」と同じくらいよくない習慣が「考える」ということです。

私たちは「もっとよく考えて行動しなさい」と言われますが、実は人は思考を使うと波動が下がるようになっています。

あれこれ考えないほうが良い結果が出たという経験は誰にでもあると思いますが、それは考えていないから波動が下がらなかったためです。考えると波動が下がります。

だから、私が「幸せになるにはどうしたらいいか?」「自分のどこを変える必要があるのか?」と考え込んでいる人にはいつも、

「それを考えてもろくな答えが出ないし、今の状態が続くアイデアしか出ませんよ。それ

波動状態で生まれるアイデアは変わる

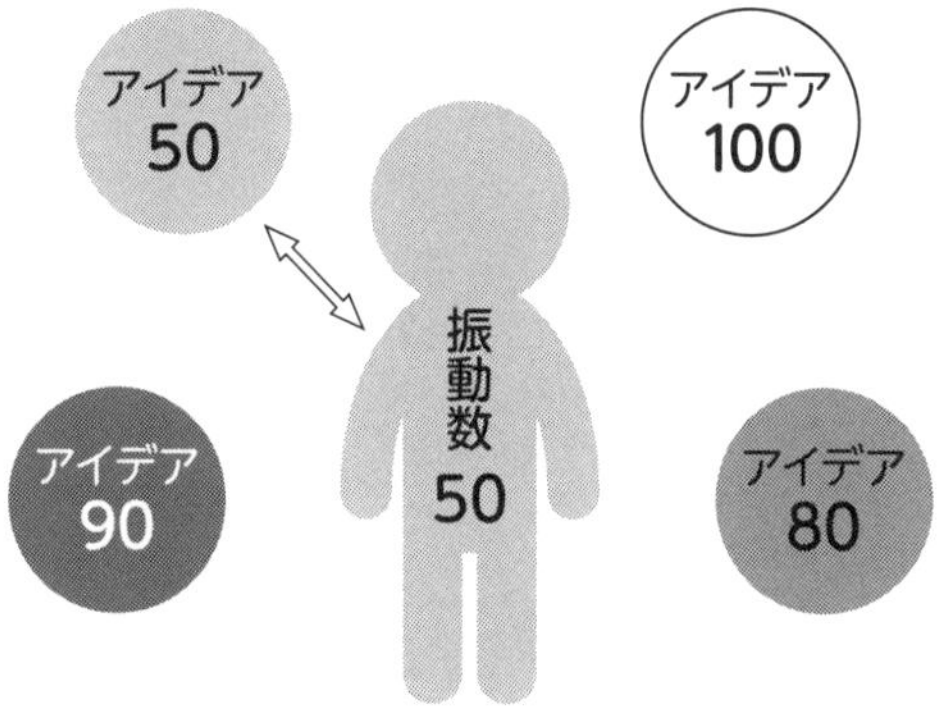

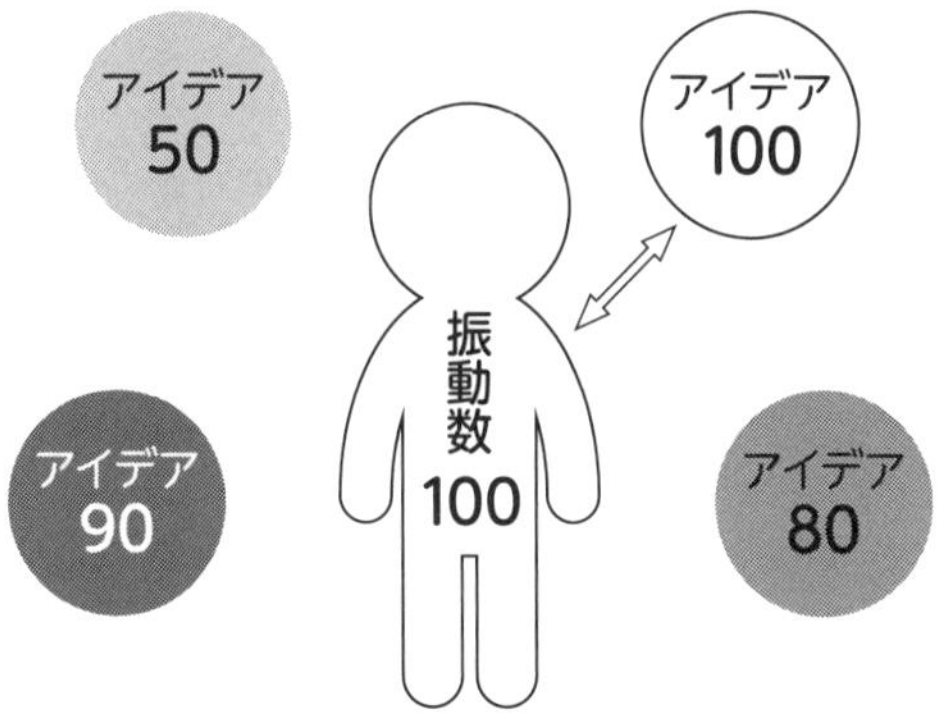

**アイデアが
どの状態のときに出てきた
アイデアなのかが大事**

よりも一旦考えることをやめ、幸せになった自分をイメージしながら、散歩したり、ドライブをしたり、好きなDVDを見てリラックスしてください。そしたらふと『あれやってみよう』というアイデアが出ますから」

ということをお伝えします。

私たちは思考を使って物事の意思決定をしますが、実は私たちの脳でさえも波動の影響を受けています。高い波動状態のときは波動の高いアイデアが出て、低い波動状態のときは波動の低いアイデアが導き出されます。

そして波動の高いアイデアを実行すると、波動の高い現実が展開され、波動の低いアイデアを実行すると、波動の低い現実が展開します。

そのアイデアがどの状態のときに出てきたアイデアなのかがとても大事です。考えるのではなく、アイデアを出すときの波動状態を整え、リラックスをしてその状態のときに思いついたアイデアをやってみる。そのやり方を採用していくと、波動が高い状態が続いていきます。

【習慣の盲点】波動は高くしようとすると下がる

◉波動を高くする究極の方法

波動を高くしていくときにぶち当たる矛盾があります。それは「波動は高くしようとすると下がる」という矛盾です。「ここまで波動を高くする方法を読んできたのに⁉」という言葉が聞こえてきそうですが…。

「波動は高くしようとすると下がる」をもっと詳しく言うと、「波動は気にしすぎると下がる」ということです。

浄化や断捨離、自然に入ることなど基本的なことはしたほうがもちろんいいですし、私もいつもやっています。

ですが、それは「波動を高くしよう‼」という変ながんばりはないのです。

もっと気楽に考える。もっとゆるく、楽しく取り組む。

そんな感じでいると結果的に波動は高くなります。

波動を高くする究極の方法は、「今の自分にくつろぐ」です。あまり「変えよう」とせずに、ただ今の自分にくつろぎ、今の自分が楽しいと思うことに取り組んでいく。それが波動が最も高くなる方法です。

ですので、あまり良い現実を得ようとせずに、「良いことはそのうち起こる」くらいに捉え、楽しみながらやっていくと、本当に気づいたら結構楽しい毎日が実現していたってことになります。

第四章

さあ、波動を使って願望を実現させよう

願望は願望実現波動になれば自ずと叶う

◉願望実現波動とは

私たちそれぞれが経験している現実は、自分の波動に応じたものが現れたものです。

第一章で、私たちそれぞれが見ている現実、入ってくる情報、出会う人、思いつく方法、思いつくアイデア、取る行動、過ごしている環境は、すべてそのときの自分の波動に共鳴したものだとお伝えしました。

そして、「自分の思う幸せの世界」「自分の思う豊かな世界」「自分の願望が実現している世界」というのは今と違う波動世界にあり、その波動になれば、現実も、情報も、関わる人も変わり、結果的にその幸せ、豊かさ、願望が実現することになります。

例えば今「波動４」の現実を経験していて、自分の願望は「波動１」にある現実であるのであれば、今の自分の波動を「波動４」の状態から「波動１」の状態に変えていけば、願望は自ずと叶うという仕組みです。

波動1　現実1・情報1・人1・方法1・アイデア1・行動1・環境1……

波動2　現実2・情報2・人2・方法2・アイデア2・行動2・環境2……

波動3　現実3・情報3・人3・方法3・アイデア3・行動3・環境3……

波動4　現実4・情報4・人4・方法4・アイデア4・行動4・環境4……

波動5　現実5・情報5・人5・方法5・アイデア5・行動5・環境5……

そして、自分の願望が実現している波動のことを「願望実現波動」と呼んでいます。
あなたの願望は、あなたが願望実現波動を身につければ実現します。

波動を利用して願望を実現する2つのステップ

◉現実が変わるとき、必ず様々な障害が起こる

多くの人は、「波動を変えれば願望が実現する」と考えていますが、それは半分正解で半分間違っています。

願望を実現するには次の2つのステップを経る必要があります。

①願望が実現する波動にアクセスし、
②波動を強くして望む現実を実現させる

願望を実現するには、まずは願望が実現する波動にアクセスし、そこにある現実、情報、人、考え方、環境を知り、それを身につけていくことがポイントとなります。

ただ、それらに出会い、それらを知り、身につけようと試みても、今のあなたの現実に

は依然として今までのあなたの波動に共鳴する現実や情報、人、考え方、環境などが残ったままとなります。

あなたの周囲に存在するそれらは、今のあなたの波動と同じ波動を持つものたちで、あなたはそれらからの影響も色濃く受けています。そこからあなたが望む現実の波動に変化させていくには、今の現実からの影響をなくしていかないといけません。

今の現実から望む現実に変えていくとき、必ず様々な障害が起こります。

・家族やパートナー、友人、同僚の反対
・お金のトラブル
・うまくいかない出来事
・知識、技術的な壁

特に、「家族やパートナー、友人、同僚の反対」はとても多く、よく相談される事柄です。それこそ、周囲の人に影響されているということです。そのとき、自分が「その人たちを納得させたり、諦めてもらうだけの波動の強さを持っているか」によって反応が変わってきます。自分の波動が強ければ、周囲の影響を受けなくなり、むしろ周囲の人の反応が変わってきます。

他の事柄も同じです。願望を実現しようとするときに起こる出来事は、今までの自分の波動の現実と、実現しようとしている現実の波動（願望実現波動）との軋轢として起こっていることです。

そのときに自分の波動が弱ければ、周囲の波動に負けてしまいます。つまり、波動を強くして望む現実を創っていくことが必要ということです。

ちなみに、多くの人は波動を変えれば現実が自然に変わると思っていますが、「自然に変わる部分と変わらない部分がある」というくらいにとらえておくといいと思います。

自然に変わることもあれば、自分がやるべきこと、取り組むべきこともあったりします。ですので、「波動を変えれば現実が自然に変わる」というよりも、「波動を変えて望む現実を創っていく」と思っておくくらいでちょうどいいです。

ここまでお伝えした通り願望を実現するには、2つのステップが必要ですが、その2ステップを具体的にどのように踏めばいいのかをお伝えします。

【ステップ1】願望が実現する波動にアクセスする

◉「自己限定」を解く

願望を実現する2つのステップの一つ目のステップである「願望が実現する波動にアクセスする」方法には次の手順で取り組んでいきます。

①眠っている可能性を発揮している自分と、その自分が生きている現実を知る
②イメージで願望実現波動にアクセスする

今の自分の現実は、今の自分の波動に共鳴したものが展開しているということは何度もお伝えしてきました。そして、願望を実現したいなら、自分が願望実現波動になることで実現するようになっています。

では、願望実現波動をどうやって身につければいいのかというと、その鍵は「自分の

中」にあります。私たちはどんな人も自分の可能性や能力、才能などを封印したままにしています。そうやって自分の可能性を限定していることを「自己限定」と言います。

つまり、感覚的な数値ですが、本当は10まである能力を3程度までしか発揮していないのが私たちという存在です。

そして、どんどんいろいろなことを実現していく人というのは、すごい人というのではなく、自分の中にある可能性を開いていった人のことです。今のあなたはそういった人のようにすごい部分がないのではなく、たくさんの可能性や能力、才能を封印してしまっているだけです。あのすごい人と同じように、あなたの中にもたくさんの可能性があるのです。

そんなあなたの中に眠っている可能性を「発揮した自分」ができることには、今の自分にはできないようなすごいことがたくさんあり、それらはすべて実現可能なことになります。

今の自分ではなく、願望が実現している波動にアクセスするには、まずは眠っている可能性を発揮している自分を知り、その自分は、どんな現実を生きているのかを知る必要があります。繰り返しになりますが、その自分は自分の中にある可能性の自分でありますす

自分とスゴイ人の違い

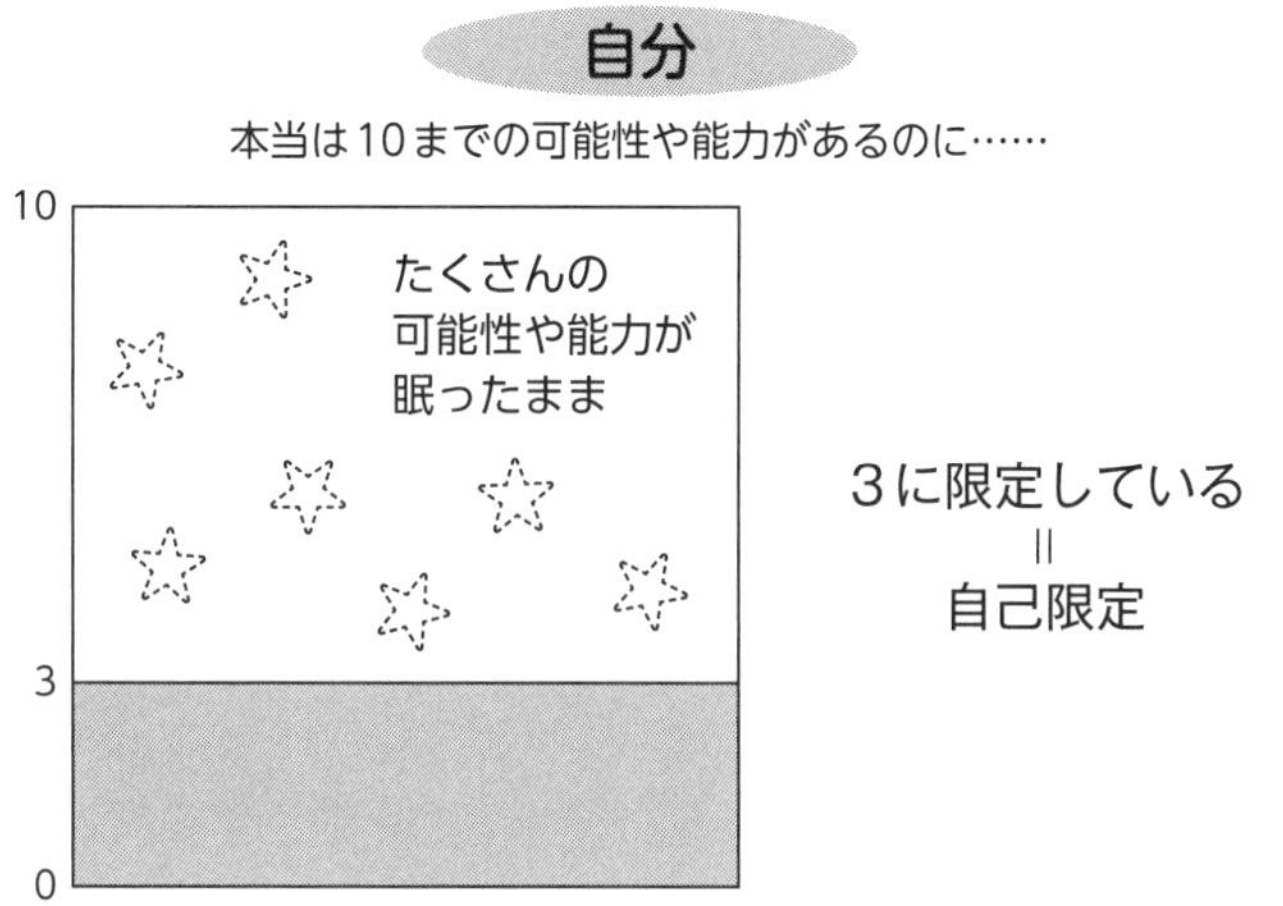
自分
本当は10までの可能性や能力があるのに……
10
たくさんの
可能性や能力が
眠ったまま
3
0
3に限定している
=
自己限定

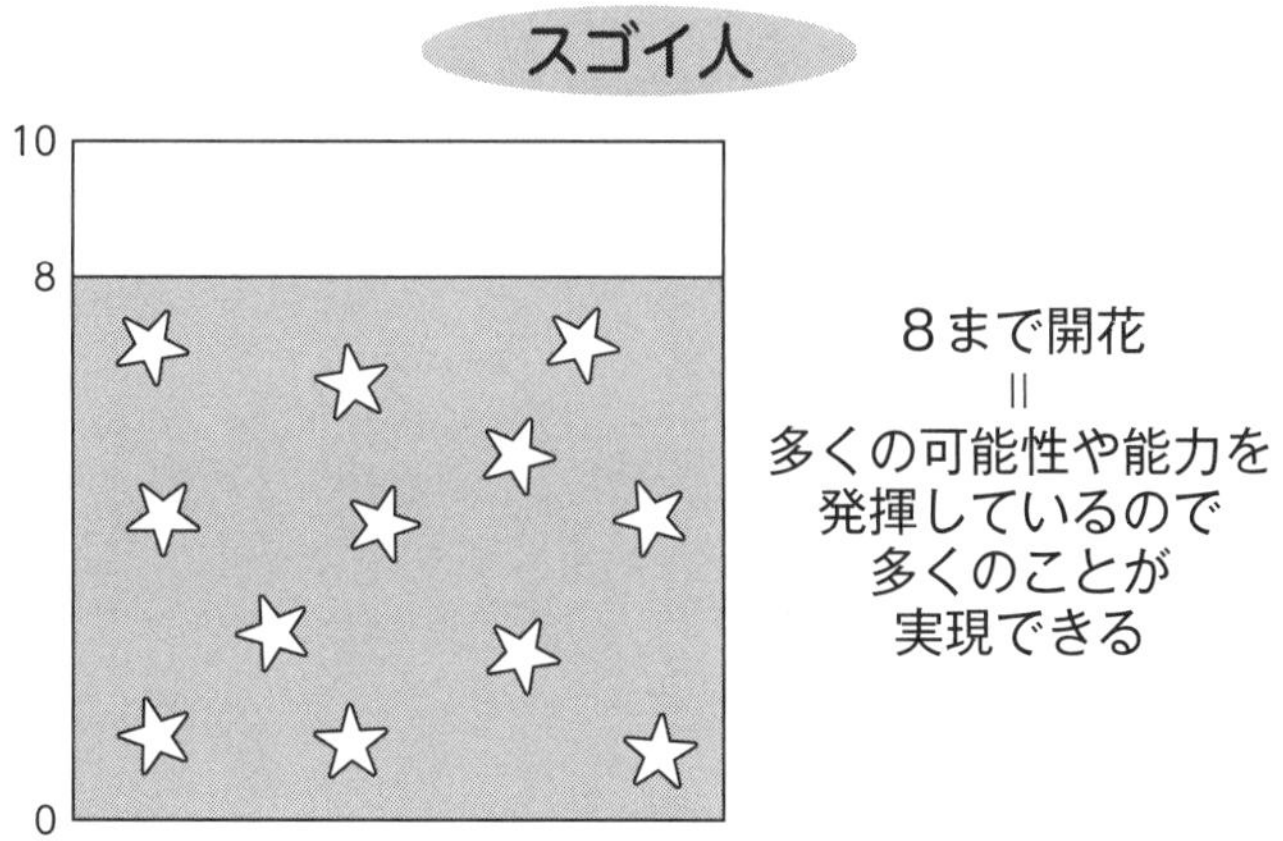
スゴイ人
10
8
0
8まで開花
=
多くの可能性や能力を
発揮しているので
多くのことが
実現できる

し、その現実はその自分が実現していることですので、実現可能な現実となります。

では、自分の中にある可能性、その自分が実現している現実を知るワークをお伝えしますので、ぜひ取り組んでみてください。

◉眠っている可能性を発揮している自分と、その自分が生きている現実を知る方法

【ワーク1】

①好きな自分を書き出してください。
人からも言われる場合は「a」、自分だけそうだと思っている場合は「b」にご記入ください。

a	b

②客観的に自分はどんな人間だと思いますか？

人からも言われる場合は「a」、自分だけそうだと思っている場合は「b」にご記入ください。

a	b

③人から褒められること、よく言われることを書き出してください。

自分もそうだなと思う場合は「a」、自分はそうは思わないという場合は「c」にご記入ください。

a	c

④憧れる人、素敵だな、なりたいなと思う人を書き出してください。
映画や漫画の登場人物、歴史上の自分などでもOK。

●●●●

⑤その人のどんな部分（要素）が素敵だなと思うのかを書き出してください。
桑名の例）三浦知良：勇気を与える人、自分の可能性を信じきる人
ビートたけし：知性とユーモア、包容力
坂本龍馬：信念　　甲本ヒロト：本質を生きる、シンプル

●●●●

⑥嫉妬する人はどんな人でしょうか？　嫉妬する人、うらやましいと思う人を書き出してください。

●
●
●
●

【ワーク2】

周囲の人最低5人に「あなたのいいところ」「素敵なところ」を5つ以上聞いてみてください。そして、自分もそんな面があるなと思う項目は「a」、それは言い過ぎだと思う項目は「c」にご記入ください。

a	c

【ワーク3】

ワーク1、2で出た項目の中で、cに分類したものと、ワーク1の⑤⑥で出したものが、あなたが可能性として持っている部分です。

その部分が自分の中にあり、その部分の才能や能力が開花し、発揮している自分を想像してみてください。結構スゴイ自分、素敵な自分でしょう。

そしてその自分は何をしていて、どんな場所にいて、周囲にはどんな人がいるかを想像してみてください。その自分が可能性を発揮している自分です。

それではその「可能性を発揮している自分」が実現しているであろう世界を絵にしてみましょう！　イメージしやすい写真がある人は写真を集めてください。

・その自分はどんなことをしているでしょうか？
・その自分はどんな場所にいるでしょうか？
・その自分はどんな格好をしているでしょうか？
・その自分の周囲には何があるでしょうか？
・その自分はどんな人に囲まれているでしょうか？

絵にしてみよう

◉人から言われること、憧れる人の要素が自分の可能性である理由

ワークをしていて疑問に感じられた方もいると思います。

「なぜ人から言われることや憧れる人の要素が自分の可能性なの？　特に憧れる人は自分にはないから憧れるのではないの？」と。

人の中にある様々な要素を4つの窓に分類した「ジョハリの窓」という概念があります。人には「①開放の窓」「②秘密の窓」「③盲点の窓」「④未知の窓」の4つの窓があるという概念です。

①開放の窓：自分も他人も知っている自分
②秘密の窓：自分は認識しているが、他人は知らない自分
③盲点の窓：自分は認識できていないが、他人が知っている自分
④未知の窓：自分も他人も認識できていない自分

これらの窓のうち、自分が認識できていない部分が可能性の部分となります。それは「③盲点の窓」「④未知の窓」です。そして盲点の窓に関しては、自分が認識していないだ

ジョハリの窓

開放の窓 自分○ 他人○	秘密の窓 自分○ 他人×
盲点の窓 自分× 他人○	未知の窓 自分× 他人×

盲点の窓、未知の窓に可能性が眠っている！

けで他人は知っている部分です。それはいつも言われているのに、自分が受け取っていないだけの部分です。だから盲点の窓の自分を知るには、誰かに聞けばいいのです。

そして一番の問題の「未知の窓」。それは自分も他人も知っていない部分なので、なかなか知るすべはありません。が、実は心には響いていたりします。

波動の基本は、「自分と同じ波動のモノが響き合う」という共鳴現象です。憧れる人。それはその人に共鳴しているということです。つまり、その「憧れる人に共鳴する何かが、自分の中にもある」ということにほかなりません。それこそが「憧れる人の要素」です。それが自分の中にあるからこそ、その人

なぜ、憧れるか？

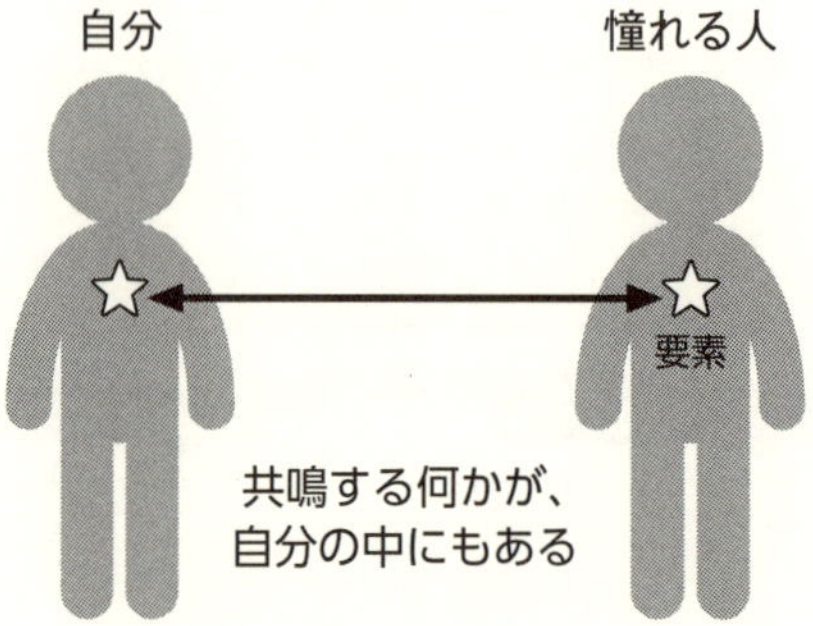

響き合うから憧れる！

に憧れる、つまり共鳴するのです。

しかし、それが自分の中にあるというのはなかなか信じられません。信じられないのですが、だからこそ未知のままになっているし、可能性のままになっているのです。「それは自分の中にもある」ということを信じ、それを開花させるように取り組んでいく。そうすると開花していきます。

◉イメージで願望実現波動にアクセスする方法

前述しましたが、ここまでで出した「可能性を発揮している自分」というのは、〝あなたの中にあるもの〟で、【ワーク3】でイラスト化した世界は、実現可能な世界です。

願望実現波動にアクセスするのはとても簡単で、単純です。毎日、毎晩、いつもその自分の絵を見て、ワクワクしていくだけ。もっと言うと、そのイメージをさらに具体的に、明確にしていくだけです。

単純すぎて「え？　それだけでいいの？」と思うかもしれません。

しかし、思い出してみてください。私たちの脳の中では現実とイメージの区別はつきません。それを見て、イメージしていると、脳の中ではその自分が形作られていきます。そしてその瞬間、私たちは願望実現波動と同じ波動になっています。

簡単すぎて拍子抜けするかもしれませんが、本当はそれくらいのほうがいいのです。これまでにお伝えした通り、がんばってやろうとすると波動は低くなってしまうからです。

「簡単に軽やかに」

それが波動を高くしていく秘訣です。

願望実現波動にアクセスするには、

毎晩それが実現している自分をイメージする
思いつくことがあればそれを付け加え、もっともっと明確にしていく

ということだけです。

このときに注意することがいろいろとあります。それは、

・がんばらずに淡々と取り組む
・その種はすでに自分の中にあると思う
・そのうちに現実になると信じる

ということです。

◉がんばらずに淡々と取り組む

前述したように、がんばると波動は落ちてしまいます。また「この夢を叶えよう！」とか、「絶対に実現しますように！」と力んでも波動は落ちます。

例えば今日が月曜日だとします。あなたは次の休日である日曜日が来ることを頑張って祈るでしょうか？　そんな人はいないでしょう。ただ淡々と日々を過ごし、その日が訪れることを待つはずです。それと同じです。毎日願望が実現する波動にアクセスしていると、そのつながりはどんどん強くなっていきます。そして、強くなればなるほどそちらの情報が今の自分にやってくるようになります。

そのために、ただ毎日寝る前に願望が実現している自分をイメージし、その願望リストをざっと確認するだけで大丈夫です。淡々と機械的に取り組んでください。

◉その種はすでに自分の中にあると思う

人は、願望を実現するためにたくさんのことを身につけようとします。しかし、そのイメージを持っていると「今とは違う自分にならなくては」という「今の自分ではダメ」「今の自分を受け入れない」というセルフイメージになります。それではいつまで経っても現実は展開しません。そうではなく、

「今の自分はそれでいい。理想を実現するための種は今の自分の中にある」

という意識でいることが大切です。

違う自分になるのではなく、自分の中にあるものを思い出し、目覚めさせるイメージです。

素晴らしい自分、価値ある自分になろうとするのではなく、素晴らしい自分を思い出す、価値ある自分を思い出すという感覚。才能、能力、スキルは本当はあるのだから、それがあると信頼していくと行動も変わってくるものです。

◉そのうちに現実になると信じる

毎晩願望が実現している自分と、願望のリストを眺めますが、前述したように「これを絶対叶えよう！」と力むのではなく、もっと軽やかに取り組むことが大事です。

「今はタイムラグがあって、この現実が展開していないだけで、これはそのうち現実になる」

そんな気持ちでいるくらいのほうが現実の展開が早くなります。

【ステップ2】波動を強くして望む現実を実現させる

◉「行動」が波動を強くする

先述しましたが、波動を利用して願望を実現するには、次の2つのステップが必要です。

①願望が実現する波動にアクセスし、
②波動を強くして望む現実を実現させる

ここまで「願望が実現する波動にアクセスする方法」をお伝えしましたが、ここからは「波動を強くして望む現実を実現させる方法」をお伝えします。

波動を強くして望む現実を実現させる方法は簡単に言うと「行動していく」ということにつきます。

なぜなら、行動をするときには、「その行動をすると決める」「勇気を出して行動する」

というプロセスを踏んでいきますが、そのプロセスごとに自分を信じることが試され、それをクリアするごとに波動が強くなり、望む現実を実現するだけの波動の強さを身につけていくからです。波動の強さは行動するごとに身につくことを覚えておいてください。

とは言っても、闇雲に行動をすればいいかというとそうではありません。

願望を実現するために「必要な行動」と「ずれている行動」があります。もちろん、「必要な行動」をとっていくことが大切です。

そして、願望実現波動にアクセスして必要な行動を出す方法があります。その方法を利用して今の自分に必要な行動を出し、その行動をとっていくと、願望の実現はどんどん早くなっていきます。

では、願望が実現するようになるために必要な行動はどのように出せばいいのでしょうか?

それには3つの方法があります。

・日常の中で必要な行動を出す
・非日常の中で必要な行動を出す

・願望が実現している自分の行動を参考にする

どれも「いかに行動するか?」という話ですので、取り組みやすいことから取り組まれるといいでしょう。

それぞれについてその方法をお伝えします。

◉日常の中で必要な行動を出す方法

日常の中で願望実現に必要な行動を出す方法は簡単です。

毎日、毎晩、ワークで出した自分のイラスト（画像）を見ると、その瞬間は願望実現波動になっているということをお伝えしました。その瞬間、思いつくアイデア、「これ面白そう」と思うこと、「こんなことをやってみよう」と思うこと、などをメモしていくことです。

願望実現波動になったときに思いつくことは、願望実現波動の世界の情報です。その情報をキャッチし、その行動をとっていくと、現実全般が願望実現波動に少しずつ変化していきます。

◉非日常の中で必要な行動を出す方法

願望実現に必要な行動を出す方法で、非日常で取り組む方法もあります。

非日常で取り組む方法は、まとまった時間をとる必要があるため、なかなか頻繁にできることではありませんが、半年に一度、少なくとも年に一度は取り組まれるといいでしょう。

手順は次の通りです。

1. 二日間ほど時間を取り、日常を離れて波動の高い場所に行く

自然の中やリゾート地などのような、波動の高い場所に行きます。できれば一泊二日などゆっくりできる時間をとることが望ましいです。

このとき、海に行くと癒されすぎて「すべてがどうでもいいモード」になってしまうため、山がある場所のほうが有効です。ただし、海も山もあるところならより有効ですし、温泉などがあればベストです。

とにかく日常から切り離された場所に行くことがポイントです。

2．願望が実現した自分をイメージする（そうであると思う）

最初にやることは、願望が実現した自分をイメージすることからです。今まで毎晩イメージしてきたこともあるでしょうが、もう一度先に紹介したワークをして、可能性を開花させた自分とその自分が実現している世界をイメージし直しましょう。

3．やりたいことを書いていく

その自分は本当に実現するとして、「やりたいこと」を仕事、プライベート関係なく、とにかくたくさん書き出していきます。

このとき携帯電話の電源を切り、日常に戻ってしまうものは完全に切り離すようにしましょう。行き詰ったら散歩をしたり、お風呂に入ったりして、とにかくゆるめることを意識しながら「やりたいこと」を出してください。

4．やりたいことを分類する

書き出した「やりたいこと」を次のカテゴリに分類します。

①今すぐやれること

②そのうちできるようになること

「そのうちできるようになること」に分類したもので、今必要なことがあれば書き出します。

そして、日常に戻り「今すぐやれること」に取り組んでいきます。また、「そのうちできるようになること」から出した必要なことも、今の自分に取り組めるものがあればそれを一つ一つ取り組んでいきます。

◉願望が実現している自分の行動を参考にする方法

ここまで日常、非日常の中で願望が実現する行動を出す方法をお伝えしましたが、もっと手っ取り早くその行動を出す方法があります。それは「願望を実現している自分がやっていることで、今の自分ができることをやること」です。

かつて、私は「セミナー講師になりたい」という願望を持っていました。しかし、当時の私にはセミナーをやれるだけのネタがありませんでした。でも、講師になりたい…。そんな私がとった行動は、「とにかくセミナーをしてみる」ということでした。

つまり、願望を実現している自分がやっていることをやってみることにしたのです。ただ、その当時の自分には、セミナーをするようなコンテンツはありませんでした。なので知恵を絞りました。そこで、「読んでよかった本の内容をまとめてシェアするセミナーならできる」と閃き、そのセミナーをやってみることにしました。それが私のセミナー講師デビューでした。

またあるとき、「本を出版したい」と思った私は、これまでと同じように「本を出している人がやっていることで、今の自分にできることは何か…?」を考えてみました。そこで出たのが「出版記念講演会だ!」というアイデアでした。そして「出版予定記念講演会」というふざけたネーミングで講演会をしました。それから1年も経たないうちに今回の出版の企画をいただきました。

願望を実現するための行動を知るには、「願望を実現した自分がやっていることで、今の自分ができること」を考えてみるのがよく、それをやってみると、願望の実現はぐっと近づいてきます。

お伝えしたアイデアを出す方法でアイデアを出し、今の自分ができることを実行してみてください。もっと確実に願望が実現していくことでしょう。

願望が実現する過程で「プラスとマイナスは同時にやってくる」

◉マイナスの自分が出たときの正しい対処法

自分の中の可能性を開花させ、行動を起こしていくと、願望は自ずと叶います。

しかし、自分の可能性が開花すると同時にあることが起こり、その「起こること」のケアを間違えるために願望が実現しない人が少なくありません。

「可能性が開花するに応じて起こること」それは何かというと、

「ダメな自分」「情けない自分」「できない自分」が出てくる

ということです。

この世界はプラスとマイナスの両方で成り立っています。そして、プラスを開くなら、同じだけのマイナスがやってくるのがこの世界の法則です。可能性などのプラスの部分を実現していくと、必ずマイナスの部分が現実として起こってきます。

例えば、

・できなくてダメダメな自分に直面する
・自分だけではうまくできない出来事が起こる
・ちゃんと頑張れない自分を見る
・弱い自分を知る

現実を通してそんなことを感じる機会が訪れます。そして人はそんなときに間違った対処法をしてしまいます。だから願望が叶いません。

マイナスの部分が出てきたときの正しい対処法。それは、「その自分をゆるし、受け入れること」です。ここで言う「ゆるし」というのは、許しではなく、赦しです。赦しとは受け入れること。自分をゆるすとは、「そんな自分を丸ごと受け入れる」ということです。

しかし、多くの人は真逆のことをしてしまいます。真逆とは、具体的に言うと「ダメな自分を克服すること」です。

前述した例で言うと、

できなくてダメダメな自分に直面する　↓　ダメダメな自分を変えようとする
自分だけではうまくできない出来事が起こる　↓　できる自分になろうとする
ちゃんと頑張れない自分を見る　↓　頑張ろうとする
弱い自分を知る　↓　弱さを克服し、強くなろうとする

そういうことをします。そして、

ダメな自分を変える方法を探したり、
できる自分になる方法を探したり、
強くなるための方法を探したり、

といったことをします。
ところが、衝撃の事実を言います。

**可能性を開花させるとプラスだけでなく
マイナスの部分も同時に開く**

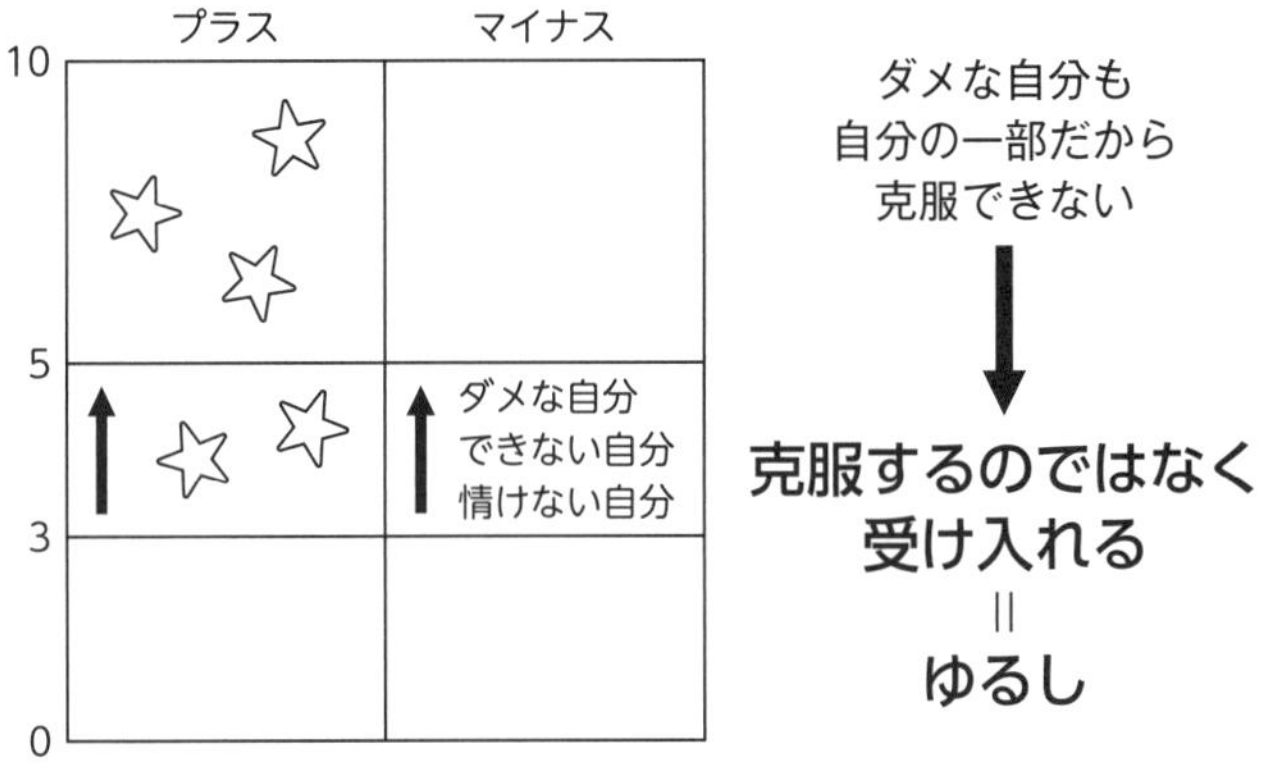

「そのダメな部分は一生変えることはできません」

そう。変わらないのです。

その自分は一生自分の中に居続けます。変えることなんてできないのです。つまり、その自分を受け入れるしかないのです。

そして、「その自分がある自分そのものを受け入れ、信じること」。それが自分をゆるすということです。とは言っても、なかなかできないのも事実です。

願望実現を加速する「ゆるし」をする方法

自分の可能性を実現していく過程で見えてくる「ダメな自分」をゆるす。その方法にいく前になぜそんな自分が見えてくるのかということと、その自分がいることが良いとか悪いとかではないということを知る必要があります。

◉なぜそのダメな自分が見えてくるのか？

これまで様々な方をサポートしてきて感じることは、

「すべての出来事は本人が経験したくて起こっている」

ということです。

そして何を経験したいのかというと、

・その出来事が起こったときの自分
・出来事が起こったときの感情

です。

その自分を経験したいから、その出来事が起こっている…。それがその出来事が起こっている理由で、自分がダメだから起こっているわけではないということを知っておくといいかと思います。

◉その自分がいることが良いとか悪いではない

多くの人は原因と結果の法則を信じていて、「マイナスの自分があるからマイナスの出来事が起こる」と思っていますが、それは大きな間違いです。

真実は「マイナスの自分を経験したいから、マイナスの出来事が起こっている」にすぎません。

だから、そのマイナスの自分をちゃんと経験すれば、そのマイナスの出来事は起こらないようになります。ちゃんと経験すれば、そのダメな自分が自分の中に変わらずいたとしても、マイナスの出来事は起こらないものです。

だからその自分がいることが良いとか悪いとかではないと知っておくと怖くはなくなります。

◉自分をゆるす方法

ここまでのことを踏まえていけば、自分をゆるす方法が見えてきます。

自分をゆるす方法は「経験」と「感情」の二つをクリアすることです。

例えば、ダメな自分を経験したとき、

「私は○○です」

と声に出して唱えます。

そして、そのときに感じる感情を感じながら、それを紙に書き出します。書き出したら、それをビリビリに破って燃やします。自分の中には様々な自分がいますが、一つ一つ誤魔化さずに正直に認め、そのワークを行っていくことです。

◉ゆるしはどんな自分に対してもやること

自分をゆるし認めることはどんな自分に対しても取り組んでください。自分の中には目をそむけたくなるようなひどい自分もいます。

例えば、「破壊的な自分」「親に到底感謝できない自分」「自分勝手な自分」「すべてを破壊してしまいたい自分」など。そういった自分を抑圧し、良い自分で隠そうとするからその自分が抑えきれなくて出てくるものです。

その自分を認めてしまったらどんな自分になってしまうかわからないと言われたりしますが、心配しなくても大丈夫です。まずその自分を認め、「私は○○です」と唱えながら、そのときに出てくる感情をクリアしてみてください。

願望実現の過程で起こる出来事を先に消化する

◉恐怖を減らし、行動を起こしやすくする

願望実現波動のアイデアを出し、実際に行動に起こそうとするとき、特に大きなチャレンジなどをしようとするときは恐怖や不安がやってくるものです。そんなときには、「起こる出来事を先に消化する」ことで、それが起こることを回避できたり、起こってもダメージが少なくなったりします。

そのやり方をお伝えします。

先ほどのゆるしのところで述べたように、現実に起こる出来事は、

・その出来事が起こったときの自分
・出来事が起こったときの感情

を経験するために起こっています。そして、それはこれから起こる出来事も同じです。

ということは、それを先にやっておくと、その出来事が起こる意味がなくなるためにそれが起こらなくなったり、たとえ起こったとしても先に受け入れているためにダメージが少なくなります。


「未来に起こる出来事を今先に経験する…?」


と思うかもしれませんね。

実は、私たちの脳はそれを可能にしてくれます。

前述したように、私たちの脳は、目の前に広がっている世界を現実として認識しているのではなく、目の奥の網膜というスクリーンに映った映像を現実として認識し、さらにイメージしたこともそのスクリーンに映ります。つまり、脳にとっては現実に起こっていることとイメージしたことの区別はつきません。

この仕組みをうまく利用すれば、未来に起こる出来事のケアをすることできます。

やり方は、これからチャレンジすることで起こると嫌なことや起こってほしくないことを箇条書きにします。

そして、それが起こっているときのことをイメージしながら、そのとき感じる感情をクリーニングします。

さらに、それが起こったときに自分に対して感じることをゆるしていきます。

具体的に言うと「私は○○です」と唱えること。そしてそれを唱えたときに感じることをクリーニングしていくのです。

これが実現の過程に起こるであろう出来事を先に消化する方法です。この一連のことを先にしておくと、行動に対する恐怖が減り、行動を起こしやすくなります。

第五章

波動をより強くし、願望実現をさらに引き寄せる

波動を強くする鍵

第一章で、「影響力の大きさは波動の強さで決まる」ということをお伝えしました。

その波動の強さとはエネルギーの大きさでもありますが、前述したように私たち人間は質量を大きくする以外の方法で波動を強くすることもできます。その方法を知り、取り組めば、願望実現力はさらにどんどん強くなっていきます。

◉「頭（意識）」「心」「丹田」

人のエネルギーを大きくする鍵は「頭（意識）」「心」「丹田」が握っています。簡単に言うと、

・信じる力を強くする
・マイナス感情を処理し、大好きなことをする
・丹田を強くする

エネルギーを大きくする鍵は「頭」「心」「丹田」

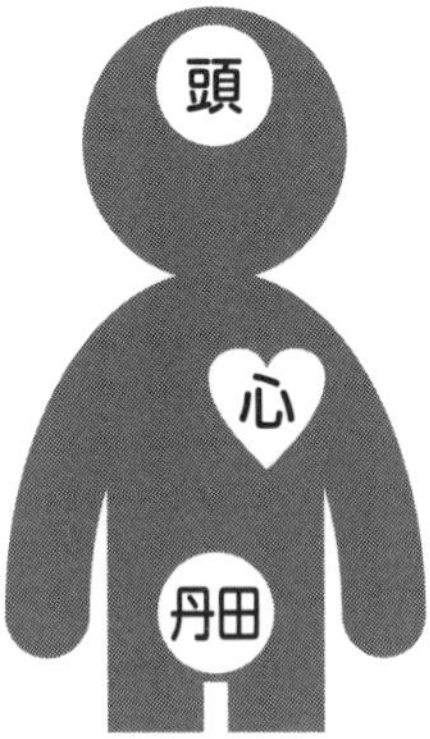

ということでエネルギーは大きくなります。

つまり、これらに取り組んで、大きなエネルギーを出せるようになると、それだけ様々な人、モノ、場所に対しての影響力が大きくなり、結果として願望実現力が高くなるということになります。

この章ではよりどんどん願望を実現できるようになるにあたって、波動を強くする鍵である「頭（意識）」「心」「丹田」についてお伝えします。

波動を強くする頭（意識）の使い方

◉今のそのままの自分を信じる

波動を強くする頭（意識）の使い方は、「信じる力」を強くしていくことです。信じる力といっても様々で、

・自分そのものを信じること
・自分の存在意義を信じること
・自分の素晴らしさ、価値を信じること
・「自分はできる」と信じること
・「なぜ自分なの？」を信じること

といったことです。

自分、自分の存在意義、自分の価値を信じている人は、表情や声の大きさ、雰囲気が違います。自信に満ち溢れています。それはそのまま波動の強さでもあります。つまり、波動を強くしていくということは、自信を培っていくことでもあり、それには前記のようなことに取り組んでいくことです。

ただし、自分を信じるというと、「信じる材料を探して信じようとする」という人がいますが、それをしているといつまで経っても信じることはできません。自分を信じることのスタート地点は、「何もない今の自分を『この自分を信じよう』と決めて、ただただ信じる」ことです。

また、信じるに取り組んでいくと「ダメな自分」「嫌いな自分」が引っかかったり、「過去にしでかしてしまったこと」「過去に何にも取り組まなかったこと」などが引っかかったりします。それについては前の章でお伝えした「ゆるし」です。

どんな自分も自分で、その自分を含めて自分であり、その自分がいるからといって自分がダメというわけではありません。そして今の自分は、その自分でスタートするしかありません。

何より、「ダメな自分」「嫌いな自分」は克服することはできないですし、過去の出来事を変えることもできません。

ですので、すべてを受け入れ、「この自分を信じて生きよう」と決め、改めて信じ直すことが大事です。

そうやって「今のそのままの自分を信じる」ことに取り組み、信じる力を強くしていくと、おのずと波動は強くなっていきます。

波動を強くする心の整え方

◉マイナス感情を処理する

波動を強くしていくには、自分を信じる力を強くしていくことですが、私たちの心は特に感情に左右されます。

自分を信じようとしても感情が反応し、そのままの自分を信じようとしているのに感情的に受け付けられず、なかなか信じられないということはあります。そのため、マイナス感情を処理していくことが必要です。

それには、第三章でお伝えした「潜在意識の浄化ワーク」をすることが有効です。

「ダメな自分」「嫌いな自分」を思い出すと、その自分にまつわることで腹が立ったり、悲しかったりして、信じようとしてもなかなか信じられません。それは潜在意識にその感情が溜まっている状態、特に「ダメな自分」「嫌いな自分」の記憶に感情がくっついているがために起こっていることです。

そのようなときには、ゆるしのワークと同じように、「ダメな自分」「嫌いな自分」のことを思い出しながら、感情を紙に吐き出していく浄化ワークをすることです。

潜在意識の浄化ワークを何度か取り組むと、「ダメな自分」「嫌いな自分」を想像しても感情的に揺れなくなってきます。そうなるとより「そのままの自分」を信じることができるようになります。

また、日常的に感情が揺れるときも浄化ワークをして、感情をクリアにしていきましょう。

そうやっていつも心をフラットな状態に整えていくことが大事です。

波動を強くするための丹田へのアプローチは男女で違う

◉女性のエネルギーは、男性の約3倍

波動を強くするために「丹田」にアプローチすることは大事ですが、実はその方法は男女で異なります。

なぜ男女で異なるかというと、もともと持っているエネルギーに男女差があり、女性は男性よりも3倍くらい大きなエネルギーを持っているからです。

では、なぜ女性はそこまで大きなエネルギーを持っているのか。女性は子どもを産むことができるからです。出産は、とても大きなエネルギーを必要とし、それを男性がやろうとすると死んでしまうといわれています。つまり、子どもを産むことができる女性は男性よりも大きなエネルギーを生まれながらにして持っているということです。

ちなみに、女性は子どもを産むたびにさらに大きなエネルギーに成長します。

ただし、せっかく持っている大きなエネルギーをうまく出せていない女性がほとんどで

す。それは今の社会が男性優位に進められる男性社会になっていて、女性はエネルギーを抑え込む考え方になっているからです。

ですから女性が波動を強くする方法とは、エネルギーを出せない考え方から自由になり、エネルギーを出せる考え方に変えていくことです。

◉男性は、丹田を鍛えるのみ

一方、男性は女性ほど大きなエネルギーを持ってはいません。そのため男性が波動を強くする方法はいたってシンプルで、「丹田を鍛えること」がポイントになります。

女性が鍛える必要がないのは、そもそも女性は小さなときから丹田を鍛える習慣を持っているからです。生理のとき、女性は否が応でも丹田（子宮）を意識します。それを毎月やっているのですから自然と鍛えられているというわけです。

修行というものは古来より主に男性のためのものでした。山での修行も女人禁制であることがよくあります。それは女性蔑視というよりも、そもそも女性は丹田を鍛える必要がないからではないかと考えられます。

一方、男性は鍛えないことには丹田が強くならない。だから男性は山に登ったり、滝に

女性のエネルギーは男性の3倍くらい大きい

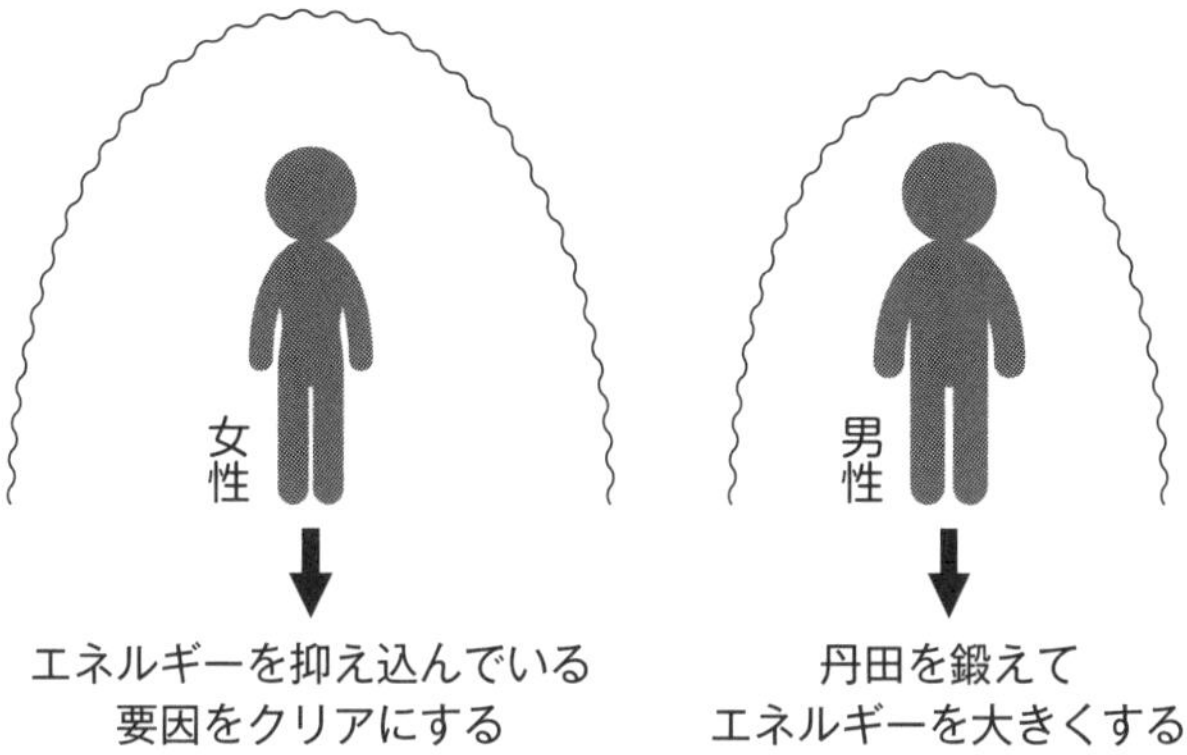
女性
エネルギーを抑え込んでいる
要因をクリアにする
男性
丹田を鍛えて
エネルギーを大きくする

打たれたりして丹田を鍛えていたのでしょう。

ちなみに、女性の修行は出産と子育てですが、必ず必要というわけではなく、経験しなくても、そもそも男性よりも大きなエネルギーを持っているため、エネルギーを出せる習慣を身につけていけば波動は強くなり、願望実現力もより高くなります。

男性は丹田を鍛える。女性はエネルギーを出せるようにしていく。それが丹田に関してのそれぞれの波動を強くする方法です。

男女共通の波動を強くするための丹田の扱い方

◉丹田からエネルギーを出すために必要なこと

「男性は丹田を鍛える。女性はエネルギーを出せるようにする」。

それが波動を強くするための丹田に関してのアプローチですが、取り組むといい男女共通の事柄もあります。

一番大切なのは「リラックス」です。

緊張していたり、力が入っている状態ではエネルギーをうまく出せません。特に私たちは「頑張る」「力を入れる」ということが正しいことだと信じて育ってきていますが、エネルギー的に見ると、それはエネルギーが内にこもってしまう形になります。

丹田からエネルギーを出すには、「力を抜いて力を出す」ということを意識することが大切です。力が入っていることを感じたときには、ゆっくりと深呼吸をし、身体の力を抜いていくことを心掛けるといいでしょう。

丹田からエネルギーを出すために必要なことの二つ目は「姿勢」です。

例えば音には「音の伝わりやすい形」、液体には「液体が流れやすい形」があるように、エネルギーにも「エネルギーが通りやすい形」というものがあります。

昔の日本人は習慣によって、丹田からのエネルギーが出やすくなる形が自然と身につくようになっていました。正座などは特にそうですし、武道、茶道、華道、書道といった「道」のつくものの型には、その型を身につけることで、丹田からのエネルギーをスーッと出せるようになるものでした。

また着物は、本当は「気のモノ」というらしく、帯をぎゅっと締めることで常に座骨が立ち、自然とエネルギーが通る形になるようになっています。

丹田のエネルギーを出すこととは異なりますが、大相撲の力士がやる蹲踞《そんきょ》の形は、相撲の神様がスーッと人に入っていくための形です。あれが最もエネルギーの通りがよくなる形です。

このように「形」はとても大切です。いつも座骨を立てておくことは難しいですが、日常の中でたまには姿勢を正し、丹田を意識し、スーッと身体の軸を整える時間をとるといいでしょう。

そして「リラックス」と「姿勢」に関係するのですが、毎日のどんな時間でもいいので、静かに目を閉じ、頭と心と丹田が一直線に整っていることをイメージし、その場で、鼻で深呼吸を三回ほどしてみてください。

心が落ち着いてきます。二～三分もあればできることですので、毎日少しそんな時間を取るようにしてみてください。

女性がエネルギーを出し、波動を強くする方法

◉一般的に素晴らしいとされる女性像はキケン？

前述したように、女性は大きなエネルギーを持っているものの、そのエネルギーを出せていません。そんな女性が大きなエネルギーを出し、波動を強くするために大事なのは「自分を愛すること」「自分を最優先させてあげること」「自分が輝くこと」をしていくことです。

一般的に素晴らしい女性とは「分別が付き、愛する男性を献身的に支える女性」と信じられています。しかし、男を出世させたり、男を稼がせるあげまん女性とは、それとはまったく異なります。

あげまん女性とは「たくさんのお金を使う女性」のことです。たくさんのお金を使うから、パートナーである男性はそのお金を稼がなくてはいけません。だから仕事をするし、成果を出します。結果として、出世し、たくさん稼ぐ男性になります。

一般的に信じられている「分別が付き、愛する男性を献身的に支える女性」は、自分の大きなエネルギーを抑え込んでしまう傾向が強いです。

そうではなく、前述したように、女性は、

・自分を愛すること
・自分を最優先させてあげること
・自分が輝くこと

をしましょう。そうすることで元々持っているエネルギーを出せる体質に変身していくことができます。

◉自分を愛すること

これまで様々な人と関わらせていただきましたが、多くの人が「自分を愛する」ということができていません。自分を愛するというのは、そのままの自分をゆるし、認め、信じ、慈しむことです。

ですが、何かがある自分を愛している人だったり、何者かになれば自分を愛せると思って何者かになろうとしている人、何もない自分を愛せない人など、本当の意味で「自分を愛すること」ができている人はなかなかいません。

「自分を愛する」は、自分の中の良い部分も、ダメな部分も、好きな部分も、嫌いな部分も、何かができた自分だけではなく、何もできない自分も全部含め、何も条件を付けず、

「そのままの自分を愛そう」
「そのままの自分を信じよう」
「そのままの自分が素晴らしいとしよう」
「そのままの自分でいいと思おう」

と決めることです。

そのことが無条件でできればできるほど、そのことが深まれば深まるほど、元々持っているエネルギーが解放されていきます。

◉自分を最優先させてあげること

女性がエネルギーを大きくするには、自分を最優先させてあげることが大事なのですが、実際は多くの女性が自分を後回しにしてしまいます。

女性は元来直感が優れているものです。頭で考えるのは男性の特徴で、それは、男性は直感力が弱いからです。

そして大事なのは、頭で考えることよりも直感のほうが正しいということです。しかし、現代社会は思考ベースで成り立っているため、直感での答えよりも、「考えた末の答え」や「論理的に説明のつく答え」のほうが優先されます。そんな「考えた末の答え」「論理的に説明のつく答え」は一見正しいように見えますが、それは男性社会においての正しさであるため、それは女性が自分を最優先にしない答えであることが多いです。つまり結果としてエネルギーを封じ込めてしまうことになります。

そうではなく、女性は直感で「自分はこれがいい」「自分はこれをやりたい」と思ったことを優先させてあげることです。自分の想いを後回しにし、周囲を優先させてきた人は特にそうです。直感でそう思ったそのときは理由は分かりません。それでもやってみることです。

さらに言うと、「やりたいことをやる」「やりたくないことをやめる」ということをしてみましょう。そうやって自分を最優先させてあげること。それがとても大切で、それをしていくごとに自分を抑えていたものから解放され、エネルギーが出るようになっていきます。

◉自分が輝くこと

女性は自分が輝くことを自分にさせてあげましょう。

多くの女性は自分を最優先にし、自分が輝くことに罪悪感を持っています。「そうするためには良い人になってから」「素晴らしい自分になってから」「価値ある実績を作ってから」といった、自分が輝くのを後回しにする訳の分からないルールがたくさんあります。

そうではなく、今の自分を輝かせてあげることです。

今の自分をきれいに着飾ってあげましょう。素敵な服を着て、髪形を整え、エステやネイルをし、自分をキレイにしてあげましょう。

女性が輝くことはとても良いことです。自分が輝くためにお金を使いましょう。お金はエネルギーですから自分に使ってあげるお金が多ければ多いほど、自分の波動は強くなります。

女性が波動を強くするには、

「自分を愛すること」
「自分を最優先させてあげること」
「自分が輝くこと」

をすることです。

そうすることで元々持っているエネルギーを出せる体質に変身していくことができます。
そうやって、自分を愛し、自分を最優先させ、自分がキレイに輝いていると波動が強くなっていきます。そしてそんな輝いた女性に、女性も男性も集まってきます。

男性が丹田を鍛え波動を強くする方法

◉キーワードは、「挑戦」「修行」

波動を強くするために女性は自分を大切に扱うことですが、男性はちょっと違います。

簡単に言うと、男性は「挑戦」「修行」によって丹田を鍛えていきます。

男女の性質の違いで、男性は命の危険がない限り頑張ることをしない傾向がある一方で、女性は基本的には働き者に作られています。それを証拠に南国に行くと、男性よりも女性のほうがよく働きます。南国は余程のことがない限り死ぬということがないからだと考えられます。元来男性は怠け者、女性は働き者ですし、男性は何かあるとすぐに逃げがちですが、女性は踏ん張ります。それが男女の性質の違いかなと感じますし、だからこそ男性は丹田を鍛えるために「挑戦」「修行」が必要なのだろうと思います。

女性は日常の中で自然に丹田を鍛えることをしていますが、男性はすぐに逃げがちなのでそれをしてきていません。なので男性が丹田を鍛えるには、自分を強制的に非日常の中に持っていって修行をするか、日常の中での修行や、今はできないけれどどうしてもやりたいことや目標に挑戦をしていくことです。

◉非日常の中で修行をする

修行というと大袈裟ですが、今は誰でも山伏修行や滝行、お寺での行など、様々な行を体験できたりします。ネットで検索してみられるといいでしょう。

私も今年はある霊山に三回登り、滝行も三回やりました。

滝行ではとても冷たい水に打たれるため、自分のエネルギーが弱いと寒さと冷たさに負けてしまいます。その瞬間に気を入れることで丹田が少し強くなります。

また山から降りてくるたびに、自分のエネルギーが強くなっていることを実感し、昔の人はこうやって丹田を強くしていったのだなとしみじみと感じました。

◉日常の中での修行

非日常での修行は効果的ではありますが、それはあくまでも瞬間的なものですので、日常生活を送っていくなかでまた元に戻ってしまったりもします。

そこでおススメなのが「日常の中での修行」です。日常の中での修行というと、堅苦しいことのように聞こえますがそんなことはありません。

一番良いのは「自分との約束を決め、それを守り続ける」という修行です。

私は朝「祈りをして、そのあと歩く」ということをずっと続けています。朝起きたら、まずは神棚に向かって私の講座生やクライアントの名前を読み上げ、幸せや成功の祈願をします。そしてそのあとは30分ほど歩きます。

それをすると決め、できる限り続けるようにしています。

また今はメンターや仲間たちと一緒に「千日行」をしており、様々な戒律を守りながら過ごしています。その一環として夜中の水行もしていますが、それもやるごとに少しずつ丹田が強くなっていることを感じます。

「自分との約束を決め、それを守り続ける」これはやり続ければやり続けるほど、自分を信じる材料が培われます。「自分はあれだけやったじゃないか」という材料が。影響力がある人の中には、昔体育会系で厳しいしごきに耐えてきた人が多かったりします。それは厳しいしごきに耐えたという自分を信じる材料があるからだったりします。

そこまで厳しい約束ではなく、最初は優しい約束や守りやすい約束からでいいので、毎日やることを何か一つ決め、それを守り続けるようにしてみてください。

私が「歩く」を選択したのは、「走る」だと毎日続ける自信がなかったからです。あまりにハードルの高い約束は、それだけで大きなストレスになります。もちろん達成できたら高い満足度は得られるでしょうが…。

「自分との約束を決め、それを守り続ける」ということの一番の鍵は「守り続ける」ということですので、より続けやすい約束をするように気をつけてください。軽い約束であっても、やればやるほど丹田は強くなっていきます。

◉今はできないけれどどうしてもやりたいことや目標に挑戦をしていく

修行は修行でいいのですが、男性に一番おすすめなのが「挑戦」をしていくことです。山での修行に対しての里の行です。これが一番、丹田が鍛えられ、エネルギーが大きくなっていきます。

「挑戦」とは、簡単に言うと今までできなかったことに挑んでいくことであり、具体的に言うと、本当にやりたいことや目標を実現していくことです。

私たちは、ついつい「今あるもの」「今できること」の範囲の中で人生の選択をしがちです。そうすると、現実は狭いものになってしまいます。今できる範囲のこと、今知っている範囲のこと、今使える範囲のお金、今使える範囲の時間、今行ける範囲の距離、そういった「今あるもの」「今できること」の範囲内でできることをして生きています。

本当にやりたいことや目標というのは、得てしてその範囲の外側にあるものです。範囲の外側にあるものだから「今できないこと」であるのですから。

今はできないことができるようになり、今知らないことを知り、今使える以上のお金を生み出し、今とは違う時間の使い方をし、今行けない距離の場所にいけるようになる。

本当にやりたいことや目標に挑戦するということは、そうやって自分の限界を広くしていくということです。そして、それに挑戦をしようと腹を決めるとき、達成させるために実際に行動を起こすとき、それ以前よりも丹田は強くなります。

そして実際に実現するときには、実現するだけの丹田の強さを身につけているものです。その強さが身についたから実現するのです。

そうやって今はできないことだけれど、自分がどうしてもやりたいことや目標に挑戦し、実際に実現していくことを繰り返していくことです。そして私たちの丹田は実現するごとに、実現できるだけの強さを身につけていきます。

あなたが今やってみたいこと、将来こんなことが実現したらいいなあと思うことはなんでしょうか？　その実現のために挑戦してみましょう。ほとんどの人は「今の自分にはできない」と簡単に諦めてしまいます。諦めずに一つ一つ挑戦していき、実現するための新たなことを一つ一つ実行していくことです。

男性が波動を強くするには、

・修行をすること
・挑戦をしていくこと

です。

何度もお伝えしていることですが、男性は女性よりも持っているエネルギーが小さいため、意識的に丹田を鍛え、エネルギーを大きくしていくことが必要です。

少しずつですが、やればやるほど現実を動かす力がついていきますから、それに応じて様々なことが実現しやすくなっている自分に気づくでしょう。

男性が丹田を鍛え、波動を強くし続けるとやがて女性を越えていく

◉波動は、人生経験に応じて強くなる

ここまで「女性は波動が強く、男性は弱い」ということをお伝えしましたが、コツコツ鍛え上げていけば女性の強さを越えていくことができます。女性が到達できる波動の強さにはある程度の限界があるのに対して、男性は青天井です。そして女性の波動の強さを越えていった男性は、偉大なリーダーになっていきます。また、波動、エネルギーは人生経験に応じて強くなっていくものですので、年を追うごとに強くなります。若いときからコツコツと自分を磨き、挑戦し、波動を強くしていくことです。

偉そうなことを書いている私自身、普段接する周囲の女性、特に自分を表現し、自由に生きている女性よりもまだまだ波動が弱いことを実感することもあります。私は60歳くらいになったときに誰にも負けないくらいの強さを身につけられていたらいいなと思いながら、挑戦を重ね、日々鍛錬を積んでいます。

波動の強さは時間をかけて培っていくもの

◉一度強くなった波動は、衰えない

波動を強くすると現実への影響力が大きくなるため、波動を強くすればするほど願望実現力は高まっていきます。

ここまでの部分で波動を強くしていくコツをお伝えしましたが、波動の強さは一朝一夕で身につくものではありませんし、「これで終わり」というものもありません。

ただし波動の高さはすぐに変わりますが、波動の強さはそれとは違って一度強くすると弱く戻ってしまうことはあまりありません。

また先述したように、波動は身体の強さとは違い、年齢を重ねれば重ねるほど強くすることができます。一朝一夕では身にはつきませんが、時間をかけて取り組んでいけば間違いなく強くなっていきますので、焦らずに取り組んでいくことが大事です。

そうやって波動を強くすればするほど、様々なことが実現していきます。

第六章

日常的な場面で波動をうまく使うコツ

ピンチのときの波動的乗り越え方とは

人生を生きていると必ずピンチのときがやってきます。私もこれまで度々やってきました。

◉ピンチをクリアした自分に波動を合わせる

ピンチのとき、多くの人はその解決策を考えます。大抵は机に向かっていろいろと思考をめぐらせます。しかし、それではピンチを抜けることはできません。

ピンチがなぜピンチかというと、「今の自分では乗り越えられないから」です。つまり、今の自分のままでは乗り越えられず、今までと違う何かを出していかないといけない。それがピンチのときです。

ただ、机に向かって考えても「今までと違う何か」を出すことはできません。そんなときに有効なのが波動です。

【ピンチのときの波動的乗り越え方】

1．ピンチを乗り超えた自分をイメージする

2．「すでにそうなんだ」と思い、「今の自分に必要なことは何？」と意図してお風呂に入ったり、散歩をしたり、ドライブをしてリラックスする

3．思いつくことをメモし、できることから行動をする

ピンチのときというのは、実は自分の可能性を開くときだったりします。前述したように、ピンチのときは今の自分では乗り越えられないときです。ただそれは「今の自分ではできないけれど、可能性を開いた自分ならできる」というのが真の姿です。

なので、「自分の中にはピンチをクリアできる自分がすでにいる。ただ自分が気づいていないだけ」という基本原則を思い出し、「自分はすでにそう（ピンチを越えた自分）なんだ」と意図します。そして、さらに「今の自分に必要なことは何？」と意図し、あとはお風呂に入ったり、散歩をしたり、ドライブしたりして、リラックスしていきます。

このとき、前述したように机にかじりついてアイデアを出そうとしても出ないのは、深刻になればなるほど波動は下がるからです。ピンチを越えた自分は今よりも可能性を開い

た波動の高い自分ですので、波動が下がるとそのアイデアは出ないのは当然です。

大事なのは、自分の波動を「ピンチを越える自分の波動」に合わせていくことです。その状態に自分の波動を合わせ、その自分が持っているアイデア、つまり「ピンチを乗り越えるためのアイデア」を引き出していくこと。その方法こそ、「すでにそうなんだ」と思い、「今の自分に必要なことは何？」と意図してリラックスすることです。

そのときには紙とペンを用意し、アイデアが出たらジャッジせずにすべてを書き出していってください。いくつかアイデアが出てきたら、片っ端からそれをやってみます。「誰かに電話してみる」といった何気ないことがピンチをクリアすることになったりもしますから、とにかく出てきたアイデアを疑わずに、一つ一つこなしていくことが大切です。

私はこの方法で何度もピンチをクリアしてきました。例えば急に数日で100万円の売り上げを上げないといけないというときにやったのもこの方法でした。絶対に机では考えない。それがすごく大事です。とにかく波動を変えること。そしてピンチをクリアした自分に波動を合わせ、その自分からの情報やアイデアを引き出すことです。

ピンチのときには是非試してみてください。

身につけるもので波動を強くする

◉お金はエネルギー

第三章、第五章で波動を強くする方法をお伝えしました。

この現実は波動が強いほうが優位に立つことができます。つまり、波動を強くすると影響力が大きくなり、現実を動かす力が強くなります。願望を叶えたいなら、自分の波動をその願望の波動（大抵は今よりも高い）に合わせてその願望の世界にアクセスし、波動を強くして今の現実を変えていくことがポイントになります。

第五章で根本的な部分から波動を強くする方法をお伝えしましたが、もっと手っ取り早く波動を強くする方法があります。

それは「高価なものを身につける」ということです。

「お金はエネルギー」という言葉をお聞きになったことがあると思います。お金というものはエネルギーを持っています。そしてエネルギーの大小は波動の強弱と同じ（エネルギーが大きい＝波動が強い）ですので、お金がたくさん集まると、それだけエネルギーが大きくなり、波動が強くなります。

高価なものというのはたくさんのお金のエネルギーと交換されたものですので、そのものに大きなエネルギー、強い波動が宿っています。そのことを利用し、高価なものを身につけることで自分の波動を強くすることができます。

男性であれば、腕時計、タイピン、スーツ、靴、鞄。女性であれば、指輪、ネックレス、ピアス、腕時計などを身につけると波動は強くなります。

さらに言うと、宝石はより強い波動を持っていますし、同じ波動の強さでも地味なものよりもキラキラ輝いたもののほうが波動は高いので、キラキラ輝いたものを身につけると波動が高く、そして強くなります。

ただし、特に女性の場合、愛する人からもらった宝石やアクセサリーはとても強い波動となりますが、愛していない人からもらった宝石やアクセサリーには注意が必要です。そのものには贈った相手の「あなたをモノにしたい」「あなたを思い通りにしたい」という念が込められていることが多く、波動を低くしてしまうからです。

過去お付き合いしていた人からの贈り物も同様です。そのものにはそのときの波動が宿っています。終わったことは終わったこと。いくら気に入っていたとしても、ちゃんと処分しましょう。処分することで、自分をその波動に引っ張るものから自由になり、波動が変わって、また新しい出会いが訪れます。

逆に、愛している人からの贈り物はあなたを強力に守ってくれます。

◉お金持ちが良いものを長く使い続ける理由

どういうものを身につけるか？　それには注意が必要ですが、いくら高価なものが波動を強くするからといっても無理は禁物です。今の自分ができる範囲でいいですし、まずは何か一つ変えるところから試みられるといいでしょう。

ちなみに、時計や靴、鞄などの高価なものは長く使い続けるものが多いです。例えば高級時計は2年に一度くらいのペースでオーバーホールをしたりします。そうすることで長く使い続けられます。

もちろん、オーバーホールには何万円という結構な金額がかかります。実はそこがポイントで、例えば30万円で買った時計も、５万円かけてオーバーホールをすることで、35万円分の波動が宿ることになります。

つまり、長く使い続ければ使い続けるほど、そのアイテムには強い波動が宿ることになります。

お金持ちの人が良いものを長く使い続けるのはそういう意味合いがあったりします。日本では結婚指輪は自分たちで新しいものを買いますが、欧米では祖母や母親の指輪をもらって土台だけを作り替えたりします。それも同様の意味があるのでしょう。

また、私の過去の講座生で「高級下着を買ったけれど勿体なくてつけられない」という女性がいました。むしろ身につけないことのほうが勿体ないです。身につけるとその波動になり、出会う人、見える世界が少しずつ変わってきます。勿体ないと言わず、どんどん身につけていきましょう。

日常的に波動の高い場所に行く時間をつくる

◉波動の高い行動をこなしていく

私の会社ではクライアントや講座生向けにミッションを見つける合宿（ミッション合宿）を開催しています。ミッションとは、「自分がこの人生でやると決めてきたこと」ですが、それを出すには最高波動の場所に行かないとなかなか出てきません。波動的な理由で、日常の場ではなかなか出ないのです。

波動の高い場所は空気が穏やかで、時間がゆっくりと流れます。三日間の合宿が、体感的に五日くらいに感じたりします。

そして、そんな時間がゆっくり流れている合宿地から街中に戻ってくると、自然と、勝手に気持ちが焦ってきます。「あれやらなきゃ」「あの仕事どうなってたかな」…。そんな思考が駆け巡ります。街中には焦りの波動が蔓延しているからです。

四六時中それでは心も体も疲弊してしまいますし、そんな場所では良いアイデアは出てきません。また質の高い日常を実現することも難しいです。

とは言っても、一人一人自分自身の生活の場というものがありますので普段は仕方ないのですが、週に一度は意識的に波動の高い場所に身を置く時間を作るほうがいいです。

例えば自然の中や気持ちの良い場所、大好きな神社、落ち着くカフェ、高級ホテルのラウンジなど。日常は日常で淡々と過ごしながら、週に一度くらいは波動の高い場所に行って、自分がこれからやっていきたいこと、実現したいことなどに思いを巡らし、それを紙に書いていきます。

そして、「それを実現するために今の自分がまず何をするか?」を書き出し、「日常の中でまずやってみる行動」を一つだけ決め、日常に戻ってそれを行動していきます。

波動の高い場所で出たアイデアは、波動の高いアイデアです。その波動の高いアイデアを実行するための行動は、波動の高い行動ですので、その波動の高い行動を繰り返していくと、次第に自分の日常に変化が訪れていきます。波動を使いこなせるようになれば、そうやって現実を少しずつ変化させていくことができます。

まずは自分が落ち着く場所、心が穏やかになる場所を探し、週に一度くらいはそこに行く習慣を身につけていくといいですね。

パワースポットに行くときに気をつけること

◉観光地とは自分の中の光を観る場所

波動の高い場所と言えばパワースポットがあります。

10年ほど前からパワースポットがブームになり、今ではたくさんの書籍も出て一般に定着した感もあります。またそれに伴い、神社に行く人も随分増えました。パワースポットも神社も、波動の高い場所です。しかし、実はパワースポットにはプラスのパワースポットとマイナスのパワースポットがあるということはあまり知られていません。

例えば、日本の最高レベルのパワースポットに富士山がありますが、その横には自殺の名所である樹海があります。このように自然界はプラスとマイナスが共存していて、両方でゼロになるようにできています。そして、その場所に訪れるとき、自分の状態に応じた場所に引き寄せられることになります。

かつて沖縄の神人《かみんちゅ》をしている人に、「観光地とは自分の中の光を観る場所」と教えてもらったことがあります。つまり、そういった場所に行くとそのときの自分の状態が反映されるということです。

自分の状態が良いときは良いものを見て、自分の状態が悪いときは悪いものを見る。まさに波動の共鳴現象と同じで、パワースポットではその効果が増幅されます。具体的にどういうことが起こるかというと、自分の状態が悪いとき、知らず知らずのうちにマイナスのパワースポットのほうに引き寄せられ、パワースポットに行ったはずなのになぜか疲れて帰ってきたということが起こったりします。

癒されるため、元気になるためにパワースポットに行ったのに、逆に疲れて帰ってきていては本末転倒です。それを避けるためには、パワースポットに行く前に自分の状態を整えてから行かれることです。

自分の状態を整えることで簡単にできるのは「禊ぎ」です。事前に、

・感情のクリーニングをする
・海由来の塩を入れたお風呂に入る
・自然の水の場に行く

といったことをしてから行くと、日頃の悪しきものをデトックスできるため、少なくとも悪い状態で行くことは回避できます。

自然の中に入るときには、これ以外にも知っておくといいことがいくつかあります。

◉自然の中に入るときに知っておくといいこと

・とにもかくにも禊ぎが大事

パワースポット同様、自然の中に入るとき、まずやっておくといいのは「禊ぎ」です。禊ぎで簡単なのは、クリーニングや、塩のお風呂に入ってから行くというもの。それなら手っ取り早くできます。

ただし、旅先でそういう場所に行くとき、ついでにできることでいいのはきれいな水の場に行くことです。

きれいな川、そして海に行って、風通しがよくて日当たりの良い場所で深呼吸をしていくと、自分の状態が整っていきます。

・心が疲れたときは海がオススメ

日常で心が疲れたりしているときは、山よりも海に行くほうがいいです。海は浄化力が非常に高いです。

数年前の夏、京都のお気に入りの海岸でキャンプ兼ワークショップを開催したことがありました。そのワークショップでの指示は「楽しむ」「海に浮いている」の二つだけでした。たったそれだけでしたが、仕事で鬱気味になってしまって来られた当時28歳の青年は、二日目には見違えるように元気になり、躍動して遊んでいました。

そのときに海の浄化力の高さを改めて感じました。

心が疲れたと感じたら海に行き、深呼吸をしながらゆっくりとした時間を取るといいですよ。

・何かを決めるときは山

心が疲れたときは海がオススメですが、何かをやろうと決めたいときは、海は適していません。なぜなら、海は「すべてがどうでもいい」という気になってしまうからです。

何かを決めたいときなどは山に行くのがオススメです。

海は癒しの「水のエネルギー」をチャージしてくれ、山は活動に影響する「火のエネルギー」をチャージしてくれます。

前述したミッション合宿という合宿では、1日目は水のエネルギーをチャージする場所に行って浄化をし、2日目以降は火のエネルギーをチャージしながら、自分の人生の目的を思い出すワークを行います。

これが海ばかりだと何も出ないのが面白いところです。

・温泉は水も火も両方チャージできる

自然の場に行くといいですが、そこに温泉があるなら温泉につかるととてもいいです。温泉は水のエネルギーも火のエネルギーも両方チャージできるからです。温泉はもちろん水ではありますが、地球のマグマによって温められたお湯なので、火のエネルギーもかなりチャージできます。

また、太古の海の水が温められて湧出している温泉は、浄化力もとても高いので、そこに入っているだけで波動は高くなっていきます。

氏神様への毎月のお参りをして願望実現を加速させる

◉氏神様がなぜ、大切か

随分前から、私自身も実施していますし、講座生にもやってもらっていることがあります。それは「氏神様への毎月のお参り」です。

氏神様というのは、私たちが住んでいる土地を護ってくれている神社のことです。自分の氏神様がどこになるのかは神社本庁に問い合わせると教えてくれるので、一度問い合わせてみられるといいかと思います。

江戸以前の日本は、見える世界を人間が、見えない世界を神様が担当し、それぞれがそれぞれの役割を果たして国を治めるシステムで動いていました。そして、大きくは武蔵国、伊豆国といった国を護る役目の神社（一宮、二宮など）があり、地域を護る神社として各土地土地に氏神様がありました。

まだ人の移動が少ないころ、子どもが生まれると最初にお宮参りをして氏神様に顔を見せ、七五三などで成長の過程を見せていました。また、年に一度はお祭りをして、神様に感謝をお伝えし、人々の生活は常に氏神様と共にありました。

そんな氏神様は何をしているかというと「その土地のエネルギー調整」をしています。氏神様の力が弱くなると、その土地を治める力が弱くなるため、波動が低くなり、事件・事故・災害が起こったり、精神的に不安定な人が増えたりすることになります。

◉氏神様の護りの力を強くする方法

では、氏神様の護りの力を強くする力とは何かというと、「信仰心」です。感謝と考えていただいて差し支えありません。人々が足繁く通い、氏神様に感謝の気持ちを注いでいくと、氏神様の土地を護る力が強くなっていきます。そうやって人と神様は一心同体で、常にお互いを支え合っている存在です。

氏神様と関わりを深くし毎月足繁く通っていくと、氏神様は力が強くなりますし、私たち人間には不思議なチャンスやご縁が引き寄せられやすくなっていきます。なぜかというと、神様がやってくれることの大きなものは「ご縁繋ぎ」だからです。

そういった意味もあるため、「氏神様への毎月のお参り」は是非習慣にされるといいです。やり方は簡単で、毎月の月末にその月のサポートの感謝のお礼をし、そのあと来月の誓いを立て、そのサポートのお願いをするのです。

特に誓いが大事です。誓いとは「自分は何をしていくのか？」ということ。よく祈りといいますが、祈りとは正式には「意宣り」と書きます。つまり、祈りとは自分の意志を宣言することです。

そして、これは私が個人的に思っていることですが、祈りとは「意乗り」でもあると感じています。意に乗ること。誰の意かというと「神様の意」です。世界が幸せで豊かな場所になること。世界の平和に繋がること。誰かが幸せになること。自分の祈りがそういったものに繋がっていくものであれば、その祈りは通りやすいものになります。

そのような誓いなら、その誓いの実現に必要なことを神様はサポートしてくれます。ですので、「実現に必要な出会い、チャンスをお与えください」と祈るといいです。

◉誓いを立てるとまずお試しが来る

ちなみに一点気をつけておくべきことがあります。

それは、「誓いを立てるとまずお試しが来る」ということです。お試しというのは「本当にやるの？」という自分の決意を試す出来事です。ダイエットすると決めると、必ず飲み会やランチ会の誘いがあるように、神社で誓うと必ずお試しが来ます。それが来たとき「自分には違うってことかな」という間違った解釈をする人がいますが、そんなことはありません。「それでも自分はそれをやる！」と決め続け、行動を起こしていくだけです。お試しをクリアして初めてチャンスや出会いが訪れますので、自分を信じ、その実現を信じ、諦めずに取り組んでいくことです。

そうやって次の一カ月を終え、月末に氏神様にお参りをしてその月のお礼をお伝えし、また誓いを立てて次の月を迎える。そのサイクルをずっと繰り返していくことです。繰り返せば繰り返すほど、神様のサポートは強くなっていきますので、是非毎月の習慣にしてみてください。

ちなみに、お試しをクリアすればするほど波動は強くなっていきます。つまり、氏神様へのお参りのサイクルを繰り返せば繰り返すほど、波動は強くなり、願望実現力がどんどん強くなっていきます。

お金を使って波動を変え、願望実現を加速させる

◉お金は波動を変える有効なツール

お金というものは有効に使うと波動を変えるのにとても便利なツールとなります。

前述しましたが、お金はエネルギーです。お金はエネルギーですので、お金をエネルギー交換の手段として使うことで現実をよりよく変えていくことができます。

第一章で、エネルギーには「エネルギー状態」と「エネルギー量」の二つの指標があるということをお伝えしました。

エネルギー状態というのは、そのエネルギーがプラスの状態かマイナスの状態かということで、それは波動の高い、低いに相当し、エネルギー状態がプラスの場合は波動が高く、エネルギー状態がマイナスの場合は波動が低いと同じ意味です。

エネルギー量というのは、そのエネルギー量が大きいか小さいかということで、エネルギー量が大きいものは波動が強く、小さいものは波動が弱くなります。

人が成長していくというのは「エネルギー量が大きくなっていく」ということなのですが、短い時間間隔で言うとエネルギー量は一定に保たれるようになっています。

例えば、同じエネルギー量でプラスのエネルギー量が多くてプラス状態に偏っている場合、人は波動が高く元気ですが、マイナスエネルギーが多くてマイナス状態に偏っている場合、人は疲れたり、気分がふさぎ込みになったりします。

そんなときお金というものを有効活用することでエネルギー状態をプラスに持っていくことができます。

どうするのかを簡単に言うと、「お金を使って良いサービスを受ける」ということです。

お金はエネルギーですので、お金を払うと自分のエネルギー量は一時的に不足状態になります。エネルギー量は常に一定に保たれるため、エネルギーが不足状態になると外から不足しているエネルギーを補おうとします。それが良質なプラスのエネルギーを補充できるサービスである場合、自分のエネルギーはプラスの状態に偏ることになり、結果的に元気になっていきます（183ページ参照）。

このように、お金はエネルギーの状態を変えるのにとても有効なツールとなります。

ですが、少しのお金しか出さない場合、補充されるエネルギーもわずかとなりますので、エネルギー状態や波動状態の変化量もわずかとなってしまいます。ですので、そんなときほど、お金に糸目をつけず、思い切って良質なサービスを受けるほうがより変化するということです。

・高いけど思い切って評判のいいマッサージを受ける
・思い切って行ってみたかった南の島に行ってみる
・思い切って食べてみたかった高級ディナーを食べてみる
・思い切って前から欲しかった素敵なアクセサリーを買ってみる

そういうことをして、本当に好きなこと、本当に受けたいもの、本当にやりたいことを選択していくと、出した金額の分だけエネルギー交換が起こり、あなたの波動は大きく変化していきます。

お金を使ってマイナスエネルギーを放出し、プラスのエネルギーを補充する

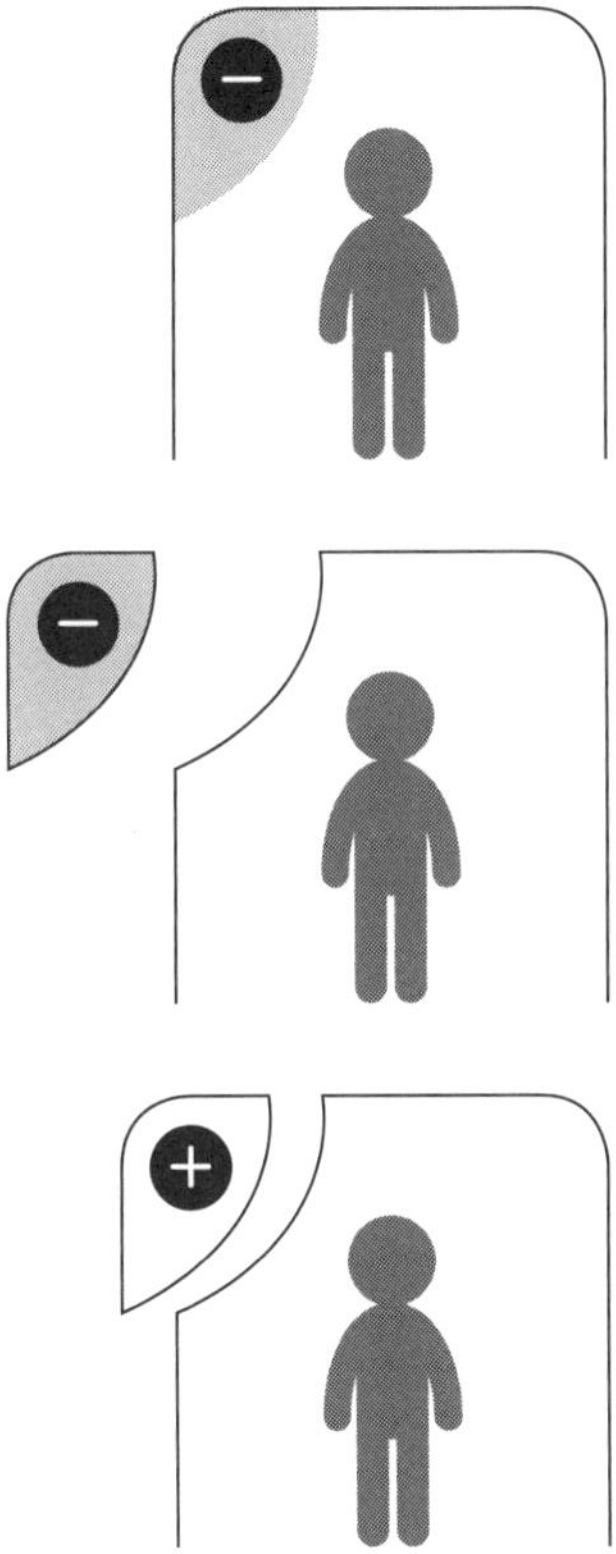

お金を出してマイナスの部分を放出する

良質なサービスを受け、プラスのエネルギーを補充する

エネルギー状態（波動の高さ）が変わり アクセスする現実が変わる

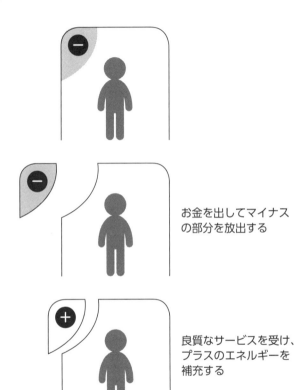

第七章

人生を通して
最高波動の自分と現実を実現していく

人生とは最高波動を更新していく旅である

◉「人生の目的」「ミッション」

どんな人にも「最高波動の人生」というものがあります。そして「最高波動の人生」とは、唯一無二の自分を表現して生きることです。もっと砕けた言い方をすると、それは自分の人生での幸せや豊かさを最大限に実現する人生のことですが、実はそれは荒唐無稽なものではなく、それを実現する鍵は自分の中にあります。

どんな人も同じ人は一人としておらず、人は誰もが周囲の人とは違う性格、才能、スキル、人生経験、環境、容姿、長所、短所を持っています。実は、そこに、その人が人生をかけて実現するためのテーマが隠されています。

「自分は何者で、何をするために生まれてきたのか？」

この問いの答えになるものがどんな人にもあり、人は周囲の人とは違う自分（性格、才能、スキル、人生経験、環境、容姿、長所、短所）を生きることでそれを果たしていきます。ちなみに、「自分は何者で、何をするために生まれてきたのか？」という問いの答えになるものを「人生の目的」「ミッション」と言います。

人生の目的というと壮大なもののように聞こえますが、それは誰にでもあります。周囲の人とは違う性格、才能、スキル、人生経験、環境、容姿、長所、短所というのは、「人生の目的」「ミッション」を実現するために持って生まれてきたものです。つまり、それらは「人生の目的を実現するための初期設定」とも言えるもので、それらのことを宿命と言ったりもします。

私たちの人生は、それら持って生まれてきたもの（宿命）を最大限表現し、自分の人生を楽しんでいくと、最高波動の人生が実現し、幸せも豊かさもどんどん大きくなるものです。

しかし、ほとんどの人がそれができません。なぜかというと、

・幸せになるために常識に合わせ、唯一無二の自分を変えようとする

・才能などを可能性のままにしてしまう

といったことをしてしまうからです。
それぞれを簡単に解説しましょう。

◉幸せになるために常識に合わせ、唯一無二の自分を変えようとする

多くの人は、教育によって学んだこと、社会で正しいと信じられていること、常識、モラルといったものがベースになった「幸せになれる生き方」「豊かになれる生き方」というものを信じています。「○○すれば幸せになれるよ」「○○しておけば将来困らないよ」といったもので、学歴などはその最たる例でしょう。

そして、それにより、本当は唯一無二であるはずの自分を、幸せになれる自分や豊かになれる自分に変えようとします。

例えば、本当の長所を伸ばすのではなく、社会で受け入れられる（であろう）ものを身につけようとしたり、短所はその人のキャラであるのに、その部分を克服しようとしたり…。

人はみな人生の目的を持って生まれてくるが……

「自分は何者で、
何をするために生まれてきたのか？」
＝
ミッション・人生の目的

それを実現するために性格・才能・スキル・環境・
容姿・長所・短所……を選んで生まれてきた

but
多くの人が自分を限定してしまっている。

だから、
人生の目的を果たせていない。

そういったことをして、どんどん「自分らしさ」を消していってしまいます。

そして結局、本来の唯一無二の自分が、どこにでもいる周囲の人と同じ人になってしまいます。

◉才能などを可能性のままにしてしまう

実は、私たちは生まれてくるときに、人生の目的はおろか、自分が持っている才能や能力、スキルなども一旦忘れて生まれてきます。そして、様々な人生経験を積んでいくごとに、元々持っていた才能や能力、スキルを思い出していくものです。

しかし、多くの人は自分が本来は持っ

ている才能や能力、スキルを持っていないと思っているため、「今の自分でできること」で生きていきます。そうすると、眠っている才能、能力、スキルが発揮される場がないために、それを可能性のままに押しとどめてしまいます。

このように、多くの人は唯一無二の自分を表現して生きることをせず、わざわざ自分を他の誰でもいい自分にしてしまっています。

最高波動の人生を実現するには、自分を変えるのではなく、可能性のままにしてしまっている自分独自の才能、個性、性格、特徴、欠点を表現し、自分の人生の目的を果たしていくことが肝要です。

そんな最高波動の人生を実現する方法をお伝えします。

自己実現と自己限定

◉人は誰でも自己限定をしている

私たちは、持っている才能や能力、スキルなどを可能性のままにしてしまっているということはお伝えしました。

可能性のままにしているということは「自分を限定している」ということでもあるため、「自己限定」と言います。

どんな人も、自分の才能や能力、スキルなどを可能性のままに、つまり自己限定していて、人生で訪れるイベントを経験し乗り越える過程で、それまで限定していた部分を解除し、眠っていた自分を実現するということを繰り返しています。そうやって少しずつ人生のイベントを通して封印を解き、自分を実現していく。それを自己実現と言います。

自己実現というと、夢の実現や願望実現と混同しますが、本当は「忘れてしまっている本当の自分を実現すること」です。多くの人が忘れてしまっている才能や能力、スキルというのは、自分が思う以上にすごい部分がたくさんあります。ですので、それらを思い出し、実現していくと、たいていの夢は叶ってしまう。それくらい限定している自分というのはものすごい部分がたくさんあります。

◉最高波動の人生実現とは、自己実現すること

また、例えば「イメージすればどんな夢も叶う」ということがよく言われますが、封印している才能や能力、スキルがない場合はいくらありありとイメージしたとしても叶いません。それを実現する能力が備わっていないからです。

以前「具体的にイメージできれば自分で空も飛べる」と言っている人がいましたが、空を飛ぶ能力は人間には備わっていないので、それは実現しません。また、「どんな夢も叶うなら今からプロ野球選手にもなれるか？」というイチャモンにも似た質問を受けることもありますが、それも同じです。

今までの人生でその才能を開く機会がなければ、「それは必要なかった」ということですので、そもそもプロ野球選手になる能力はないし、自分の人生には必要ないものですので、なる必要もないし、なろうと努力することは無駄な努力になります。

ただし、今からでも本当にそこを目指したい、それをやってみたいという意欲がある人は是非目指されるといいです。その意欲があるなら、その過程で開花するものが必ずあります。

ちなみに、世間で賞賛される素晴らしい実績を残している人々は、特別にすごい能力があったというのではなく、自分の中にあった才能や能力、スキルを実現していった人たちです。「自分の中にもそれはある。今の自分がそれを発揮せず、可能性のままにしているだけ」と知っておくといいですね。

さらに言うと、最高波動の人生の実現というのは、この自己の限定を外し、元々持っているけれど可能性のままにしてしまっている才能や能力、スキルなどを思い出し、その自分を表現していくということです。それはつまり、前述した「自己実現」をすることそのものが最高波動の人生の実現の鍵となります。

そして、それを実現していくにはいくつかコツがあります。

最高波動の人生実現のコツ

人は知らず知らずのうちに自分の可能性やできることを限定してしまいます。そんな限定していた自己を開花させ、最高波動の人生を実現していくにはいくつかのコツがあります。

- やりたいことをやってみる
- 頼まれごとをやってみる
- チャンスが来たら飛び込む
- 褒められたことを受け取り、その気になる
- やりたいことの最終形をやってみる
- ダメな自分をゆるし、受け入れる
- 「自分は何者で、何をするために生まれて来たのか?」を知る

こういったコツに取り組んでいくと、新しい現実がどんどん開き、今までになかった人生が実現します。

【最高波動の人生実現のコツ1】できることではなくやりたいことをやってみる

自分の可能性を開花させ、自己実現していくための最も有効なことの一つが「やりたいことをやってみる」ということです。当たり前ですが、実はやりたいことをやるというのは、自分の可能性をどんどん開いていくとても有効な手段です。

人は「今できること」をやっているということが多く、「やりたいこと」をやっている人はあまりいません。「今できること」と「やりたいこと」の間にはとても大きな違いがあります。

「できること」というのは今の自分で可能なことであるため、自分の未知なる部分は必要なくできます。だから忘れてしまっている才能、能力、スキルの扉が開くことはありません。でも、思い出してみてください。その「今できること」というのも、前は「できなかったこと」だったりすると思います。それが例えば誰かから「これをやりなさい」と指示され、なんとか試行錯誤しながらやってできるようになったことがほとんどでしょう。それはできるようになったのではなく、「本当はできる能力があった」ということです。

過去は「これをやりなさい」といった外的な要因がきっかけだったかもしれませんが、「やりたいこと」というのはきっかけが自分であるだけで、「本当はできる自分を知っているからやりたいと思うもの」です。つまり、「できるかどうか分からないけどやりたいことをやる」というのは、その過程で自分の可能性を開くことができるとても有効な手段となります。

とは言っても、「やりたいことをやっていますか？」「やりたいことをやりましょう！」ということを言うと、大抵次の3つのタイプに分かれます。

・「やりたいことが分からない」という人
・やりたいけど諦めている人
・やりたいけど後回しにしている人

◉「やりたいことが分からない」という人

「やりたいことが分からない」という人にも大体二つの癖があります。

・「好き・嫌い」という感覚が麻痺している
・いつも「できること」の中で探す癖がある

○「好き・嫌い」という感覚が麻痺している

「やりたいことが分からない」という人の中には、何が好きなのか、何が嫌いなのかが分からないという人がいます。

実は昔の私もそうでした。

そういう人は毎日の生活の中で、自分の好みや感情で物事を選択するのではなく、「こうしたほうがいい」「こうしたほうが得（損）」という損得勘定や、「こうすべき」「こうすべきでない」というルールに基づいて行動選択をしている傾向が強いです。

つまり、行動選択の基準の中に「自分の感情」がない人です。

今まで、そういう基準で選択をしてきていないので、自分がどう感じるのかという感覚が麻痺してしまっています。そんな状態で、いざ「やりたいことをしましょう」と言っても、よく分からないものです。

そういった人は、まず今やっている行動は好きなのか、嫌なのか、心地良いのか悪いのかということを一つ一つ確認していく癖をつけるところから始めるといいでしょう。

○いつも「できること」の中で探す癖がある

もう一つのタイプは「できること」の中で探す癖がある人です。

このタイプの人は自分の好き嫌いを感じ、自分の好みは分かっているものの、いざ「やりたいこと」を探そうとすると、無意識的に「今できること」以外のものを排除してしまいます。このタイプの人も非常に多いです。しかし、前述したように、「できること」で探そうとすると、自分の可能性は開いていきません。

このタイプの人で多いのは、非常に堅実な人か自分の可能性を信じていない、諦めてしまっている人です。

本当にやりたいことは、今の自分にはできないこともたくさんあります。そして、今の自分にできないことは絶対にできないことではなく、ただ今の自分にはできないだけで、本当の自分はその才能や能力、スキルを持っています。

そのことを知り、思い切って「今の自分にはできないこと」にも意識を広げてみると、やりたいことも見えてくると思います。

◉やりたいけど諦めている人

やりたいけど諦めている人は多いです。

そういった人は、「今の自分には無理」というセルフイメージを持っていて、例えば、過去の失敗経験で自分に自信をなくしてしまっていたり、性格、欠点、若さ（年齢）、学歴、職歴といったことを理由にして諦めている人が多いです。

それは本人にとっては諦めるための重大な理由になるのでしょうが、本当はそれほど重大な理由ではありません。

他にも、多くの人が自分独自の諦めるための理由を持っていますが、どんなことも理由にはなりません。

昔、私がピンチに陥っていたとき師匠に、「諦めなければ絶対に助けてくれる人が現れる」「絶対に諦めないことが大事」と言われたことがありました。今は本当にそれを実感しています。

やりたいことがあるけれど諦めている人は、無意識的に諦める理由を探す視点が備わっているため、その人の頭の中にはたくさんの理由があります。

でも、やりたいことをやっていく人にはそのどれもが理由にはなりません。

そのことを知り、「自分もやっていい」という許可を自分に与えてあげるといいかと思います。

◉やりたいけど後回しにしている人

やりたいけど後回しにしている人は、言い方を変えると「準備で終わる人」です。このタイプの人の特徴は「ない」に囚われているというものです。

知識がない
能力がない
スキルがない
お金がない

時間がない
経験がない
人脈がない

いろいろな「ない」に囚われて、それが「ある」状態になればやりたいことをやろうと思っています。しかし、実は、「ある」状態にはいつまで経ってもなりません。

そして、もっと大切なのは、その「ない」ものは、今「ない」ままで思い切ってやりたいことをやると、後から「ある」ようになっていることです。

知識や能力、スキルがなくても思い切ってやってみれば、良い方法が思いついたり、教えてくれる人が見つかったりします。

お金がなくても思い切ってやってみれば、どこかからかお金が入ってきたり、給料が上がったり、意外な人が援助してくれたりします。

時間がなくても思い切ってやってみれば、ちゃんとその時間ができるようになります。

経験がなくても思い切ってやってみれば、そのやり方が分かるようになります。

人脈がなくても思い切ってやってみれば、最適な人との出会いが訪れます。

そういうもので、思い切ってやりたいことをやる人は、そのことを感覚的に分かっているうえに、むしろ、

今までにやったことのないことをやってみるからこそ新しい扉が開く

ということを知っています。

思い切ってやりたいことをやってみると、たくさんの扉が開きます。そして、知識も、能力も、スキルも、お金も、時間も、経験も、人脈も、すべての扉が開きます。

だから最高波動の人生実現のためには、今できることに囚われず、まずはやりたいことをやってみることです。

【最高波動の人生実現のコツ2】
頼まれごとをやってみる

「やりたいことをやってみる」というのは、自己限定の封印を解き、自己実現する一つの手段ではありますが、自分では自分のことは分からないものです。そして、時には人のほうが自分のことを分かっていたりします。

他人は自分が気づいていない自分の能力に気づいていたりしますので、誰かからの頼まれごとはやってみると、「それができる自分」を知ることができます。特に「頼まれたけどハードルの高そうなこと」は、それができるようになるうえに、新しい才能にまで気づくことができる、とても有効な機会です。

かつて私が駆け出しだった頃、最初はセミナープロデューサーとして独立しました。それまでサラリーマンをしていた私には、起業するためのネタなどなく、ちょこちょこお手伝いをしていたセミナーのことならできる、というかそれ以外はできることもないのでそのお仕事で独立しました。

独立後、3カ月ほどしたあるとき、以前にご縁をいただいていたある有名講師の方と偶然再会したときに、「会社を辞めて、セミナープロデューサーとして独立した」ということをお伝えしました。すると、ちょうどそのとき、その講師の昔のメンターであるカウンセラーの先生が、自分のオフィスを新たに立ち上げるに当たって、誰かプロデュースできる人を探しているということで「桑名さんやりませんか?」ということを言っていただきました。

まさに頼まれごと…。

そんな人のプロデュースなんて、ましてやオフィスの立ち上げなんてしたことはなく、自信どころか、どこから手をつければいいのかもわからなかったのですが、「本当はできるから頼まれごとがくる」という原理原則を知っていたため、二つ返事で「やります!」とお答えし、そのオフィスの立ち上げのお手伝いをすることにしました。

そしてその後、オフィスの体制を整えたり、ホームページを作ったり、講座の仕組みを作ったり、日々思考錯誤しながらも初めてやるいろいろなことに挑戦し、今までないと思っていた能力がどんどん開花していきました。

またその当時、オフィスのブログ記事も私が書いていたことがありました(もちろんゴーストライターではなく私の名前で)。私が書くその記事や、書き込まれるコメントに対する私の回答を見て、カウンセラーの先生がふと「桑名さんもカウンセリングできそうだからやってみたらいいじゃん」ということを言われました。

そのときの私は、心理学もカウンセリングの専門的なことも何も学んだことはありませんでしたが、やはり人のほうが自分のことを分かっていたりするという原則を知っていたため、すぐにお金をいただいてカウンセリングをしてみることにしました。専門知識はないのに…。でもいざやってみると、相談に来られた人は喜んでくれましたし、私もカウンセリング経験を積む中で、心理のことや人間関係のことなどを直感的に学んでいきました。

一つ目は頼まれごとのエピソードで、二つ目は頼まれごとではありませんが、どちらも「他人から言われたこと」です。

それはときにやったことがないことであったり、無理かもと思うようなことも多いですが、それは「できるから」訪れていることです。

それを断らず、やってみることで、今まで忘れてしまっていた新しい部分が開花し、また一つ自己実現することができるものです。

【最高波動の人生実現のコツ3】
褒められたことを受け取り、その気になる

「人は自分のことを自分よりも分かっていたりする」ということをお伝えしましたが、それをうまく利用することは有効な方法です。

例えば、人から褒められたら、ちゃんとそれを受け取ることが大切です。「ありがとうございます」と。

もし嫌味に聞こえることが嫌で受け取ることが難しい場合は「ありがとうございます。そう言っていただけるとうれしいです」と言うと、あまり嫌味には聞こえません。そうやって最低でも「そんなことはない」という言葉を言わない工夫をすることはとても大事です。

ただ、最高波動の人生実現には、それは最低限のレベルだと思ってください。

最高波動の人生を実現するには、さらにその褒められたことを受け取り、「それが自分の中にはある」と仮定し、その自分ができることをイメージしてみることです。

実際にそれをやってみることもとても有効です。

「○○で素敵ですね」と言われたら、その○○が自分の中にはあるんだと仮定してみてその自分をイメージし、その自分ならどんな面白そうなことができるかと想像し、○○があるというていでやってみるのです。

そうすると、本当にその○○が引き出されていきます。

このプロセスを踏んでいくと、その○○は最初は「ない」と思っていたものですが、褒められることで「ある」ものとして引き出されていきます。

【最高波動の人生実現のコツ4】やりたいことの最終形をやってみる

最高波動の人生実現をどんどん進めていくには、自分のやりたいことをどんどん進めていけばいいのですが、ときにはそのやりたいことが大きすぎて、どこから手をつけていいのか分からないこともあります。

そんなときに現実を進めていく秘訣が「やりたいことの最終形をやってみる」ということです。具体的にいうと、自分がしたいこと、自分が叶えたい望みで、今の自分でもできることを今やってみるということ。

これをやると、現実が一気に進むだけではなく、やらなくてもいいことをしないようになり、最高波動の人生の展開が早くなります。

私がセミナー講師になりたいからセミナーをしてみた話や、出版をしたいと思ったから「出版予定記念講演会」をやってみた話などは前述しました。そうやって遊び心も取り入れながら、「やりたいことの最終形をやってみる」を意識してみるといいです。

【最高波動の人生実現のコツ5】ダメな自分をゆるし、受け入れる

ゆるしについては、ここまでの章でもお伝えしました。

ゆるしというのは一度で終わりではなく、人生を通じて取り組んでいくものでもあります。最高波動の人生実現の過程では、それを進めていくと「今までの自分ではゆるし、受け入れられなかった自分」というものが後からでてきます。

自分の中の忘れている部分を開いていくことを「自己実現」といい、どんどん自己実現

していくと最高波動の人生が実現していくとお伝えしました。自分の中の忘れている部分には、ポジティブな側面と、ネガティブな側面の両方があり、すごい自分の陰には、それと同じだけのすごいネガティブな自分がいます。そして、ポジティブを開くと、それと同時にネガティブも開きます。

自己実現の過程でポジティブな自分を開花させると、それに応じていつもいつもゆるしの機会が訪れることになります。

ゆるしを実施するとき、いくつかポイントをお伝えします。

◉ゆるしのポイント1・原因と結果の法則は間違い

原因と結果の法則というのは、わかりやすく言えば「良いことをすれば良い結果が得られ、悪いことをすれば悪い結果が得られる」という法則のことです。だから、現実に思わしくないことが起こったとき、多くの人は「自分の中の何が原因で起こったのだろう?」と考え、自分の中の原因探しを始めます。そして見つかると「原因らしきもの」というのが、前述した頑張れない自分などです。そしてその「原因らしきもの」が見つかったら、次にするのはその原因らしきものを克服しようとします。

でも、実はこれは大間違いです。その自分は一切克服できないうえに、克服する努力そのものが無駄だったりします。

そもそも原因と結果の法則は間違っています。

思い出してみてください。例えば、どんなに頑張っても悪い結果になることだってありますし、どんなに怠けていても運良く良い結果が得られたこともあるでしょう。本当は何をしようが、何もしていなかろうが、起こることは起こるし、起こらないことは起こらないものです。

当たり前のように信じてきた原因と結果の法則。それに振り回され、自分を「間違った存在のように扱うこと」はもうやめたほうがいいでしょう。

◉ゆるしのポイント2・ダメな自分を克服する必要はないし、できない

何か思わしくないことが起こったとき、「自分の中の何が原因で…?」と探さなくてもいいですし、ましてやそれを克服する必要もありません。

実はそれが起こった理由は、その自分と、その感情を体験したかったからなのですから。そのダメな自分を体験してみたかった。だから自己実現です。

だから思わしくないことが起こったとき、そのときに感じることをちゃんと感じてあげてください。悲しいなら「悲しい」と、悔しいなら「悔しい」と、腹が立ったら「怒っている」と。そういった感情をちゃんと感じることです。そして、そのときの自分をちゃんと味わうことです。ダメな自分を、弱い自分を、情けない自分を。それでいいのです。

そして、「自分の中にはそんな自分がいる」とその自分を受け入れてあげることです。

それが「ゆるし」です。

先述しましたがゆるしとは、許しではなく「赦し」と書きます。この赦しには「受け入れる」という意味があって、それはどんな自分もすべて自分で、すべてをひっくるめて自分なんだと受け入れることです。

だから、その「ダメな自分」「弱い自分」「情けない自分」もいる自分が素晴らしいし、価値があるし、愛されている。そのことを受け入れていくことが大事です。

繰り返しになりますが、その思わしくない現実は、自分の中の「ダメな自分」「弱い自分」「情けない自分」が原因で起こっているわけではなく、ただそれが起こっただけで、それを通して、その「ダメ」「弱い」「情けない」を感じたかっただけです。

つまり、ある意味「原因と結果の法則の逆」と言えますね。

◉ゆるしのポイント3・最高波動の人生実現のためには自分の監視をやめてくつろぐこと

自己実現とは「自己の実現」であり、それはポジティブな自分の実現だけではなく、ネガティブな自分の実現も同時に進みます。

最高波動の人生実現、つまり自己実現がなかなか進まない人は、この「ネガティブな自分の扱い方」を誤っていることが多いです。前述したように、ネガティブな自分は克服するのではなくゆるし、受け入れることです。そのままの自分で素晴らしいし、価値があるし、愛されているのです。

しかし、多くの人は原因と結果の法則に縛られていて、「幸せになるために克服すべき自分の中のどこか」をいつも探しています。それを見つけ、克服して幸せになるために、いつもいつもいつも自分を監視しています。

いつも自分を監視している人は、身体がこわばり、緊張状態が続きます。最も波動が高いのはリラックスしているときですので、緊張しているその状態はとても波動が低く、共鳴して見えてくる現実もあまり好ましいものではなくなってしまいます。

最高波動の人生の実現には、この自分への監視をやめ、今の自分にくつろぐことがとても大切です。自分の中にあるものはすべて受け入れることしかできず、何も克服できないですし、そもそも克服すべきところなどないのですから、自分を監視してそんな部分を探そうとするのではなく、ネガティブな部分も含め自分を楽しむこと。そして今のそのままの自分にくつろぐことが大事です。

【最高波動の人生実現のコツ6】「自分は何者で、何をするために生まれて来たのか?」を知る

自分のネガティブな部分をゆるし、受け入れ、自分の中にある可能性（才能・能力・スキル）を開いていくと、どんどん素晴らしい自分が現実のものとなっていきます。

そうしたら、

「自分は何者で、何をするために生まれて来たのか?」

というものを一度考えてみてください。これが人生の目的、ミッションというものです。

私たちの人生は、これを実現するために様々な自分をうちに備え、そして様々なことを経験してきています。

それを整理していくと、「自分は何者で、何をするために生まれて来たのか?」というものが見えてきます。

その前に、そもそも私たちの存在とはどういうものかということをお伝えします。

私たちの多くは、誰かを幸せにするために、誰かを喜ばせるために生まれてきていると私は考えています。もちろん皆とは言いませんが、私はそう考えて自分の仕事をしているし、そのことをお伝えしていますので、少なくとも私と出会う人、そしてこの本をお読みのあなたはそういう人だと考えています。だからご縁が繋がっているわけですから。

私たちは誰かを幸せにするために、誰かを喜ばせるために生まれてきた。そして、その手段として「自分の好き」「自分の喜び」があります。

人は自分の喜びが誰かの喜びに繋がるようになっていて、自分の喜びを周囲に分かち合えば、それによって誰かが喜ぶものです。

私は、毎年12月23日に「シークレットサンタ」というイベントを開催しています。

それは、実際にアメリカであったお話から思いついたイベントで、参加費2000円を出しあい、そのお金でお菓子とラッピング素材を買って自分たちでラッピングし、サンタやトナカイの衣装を着て街ゆく子どもたちにプレゼントするという非常にシンプルなイベントです。

そして、私がいつもそのイベントで口を酸っぱくしてお伝えしているのが、「自分が楽しむことを一番優先してください」ということです。

自分が楽しいことをする＝お菓子をラッピングし、仮装する
楽しみのベクトルを外に向ける＝お菓子を街の子どもたちにプレゼントする

シークレットサンタでは、実際にそれをすることで、たくさんの人が喜んでくれて笑顔になり、しかもたくさん感謝されることを体感します。

そして、私がイベントの最後にいつもお伝えするのは、

「皆さんが楽しいことをして、そのベクトルを外に向けた結果、生み出した子どもたちの笑顔は、皆さんが行動を起こす前までは地球上にはなかったもの。皆さんがただ楽しい行

動をして、その楽しさを分かち合うだけで、地球上にはあれだけの笑顔がゼロから生まれた。皆さんの中に喜びを生み出す力がある」

ということです。

私たちの好きなことや喜ぶことは、周囲の人に喜びを生み出す力があります。それはあなたもそうで、あなたの喜びはこの地球上に喜びを生み出す可能性を持っています。

私たちはあなたも含め、そういう創造力を持った存在で、あなたの喜びはそんな可能性を持ったとても尊いものです。

そして、人生の目的、ミッションである「自分は何者で、何をするために生まれて来たのか？」というものは、

好きで得意で社会的に価値のあるもの

でもあります。

あなたが大好きで喜ぶことを、あなたが得意なことで分かち合い、そして誰かが喜んでくれるもの。それがミッションです。

なぜ「好き」「喜び」「社会的価値」がポイントかというと、好きなことというのは、あなたの波動が最も高くなるもので、得意なことは、あなたの喜びを最も分かち合うことのできる形、そして社会的価値は、それによって受け取って喜ぶ人が最も多いものです。

その三つを満たすものが、あなたが世界に最も喜びを増やすものであり、あなたが最も誰かを喜ばせられるものです。

そして、そんな「好きで得意で社会的に価値のあるもの」に、「なぜ自分なのか？」「なぜ私がそれをする必要があるのか？」という動機や想いが加わると、「自分は何者で、何をするために生まれて来たのか？」という問いの答えが見えてきて、それがそのまま人生の目的、ミッションとなります。

「なぜ自分なのか？」「なぜ私がそれをする必要があるのか？」というのは、あなたのこれまでの人生を振り返っていくといろいろと見えてきます。一度人生をじっくり振り返ってみて、なぜ自分はその「好きで得意で社会的に価値のあるもの」をするのかを自問自答してみてください。

あるときふと、「自分の人生のすべてはこのためにあったのか！」という大きな気づきがやってきます。

それが分かり、自分の人生のミッションを行き始めると、そこからまた出会う人や関わる世界、仕事のスケール、住む場所など、様々なことが変化し、本来生きるべきところに収まり、出会う約束をしていた人と出会うということが頻繁に起こるようになります。

そうやって、自分が最高に楽しく、最高に幸せで、最高に信頼できる人たちと関わっていく最高波動の人生が実現していきます。

最高波動の人生の実現の過程で起こる二つのサイクル

◉女性性サイクルと男性性サイクル

今から「忘れていた自分」を思い出し、最高波動の人生を実現していく過程では、現実として次の二つのサイクルが連続して交互にやってきます。そしてこの二つのサイクルを回していくと、自分のステージが少しずつ上がっていきます。

その二つのサイクルとは、

・女性性サイクル
・男性性サイクル

です。

簡単にいうと、女性性サイクルというのは、「そのままの自分をゆるし、受け入れる」

という自己愛や自己受容を深めるサイクルで、男性性サイクルというのは、「やりたいことの実現のために自分を外に表現する」という自己信頼や強さを深めるサイクルのことです。

人生では自己愛（女性性サイクル）と自己信頼（男性性サイクル）を深めるための課題が現実として交互にやってきて、その課題をクリアするごとに自己限定が外れ、自己実現が進んでいくことになり、それに応じて現実も変化していきます。

女性性サイクルでやるべきことは、

・止まること
・休むこと
・そのままの自分をゆるし、認め、認めるためにやっていたことをやめること
・自分にくつろぐこと
・誰かに助けてもらうこと

といったことなどです。

そのままの自分をゆるさず、受け入れず、ずっと頑張ってきた人にはどれもなかなか難しい課題ではありますが、勇気を出して取り組むと、人生がずっと楽になっていきます。

男性性サイクルでやるべきことは、

・勇気を出してやりたいことをやってみること
・チャレンジしてみること
・自分を表現してみること
・世界に自分を主張してみること
・行動を起こすこと
・宣言すること

といったことなどです。

どちらかというと女性性サイクルが内向きなのに対し、男性性サイクルは外に向いた行動となります。そして、男性性サイクルはときには実現のために頑張るということも必要になってきます。

人生では訪れる課題や壁となって現れることは、この二つのうちのどちらかがテーマになっていることがほとんどです。

今の自分はどちらのものを深めるときなのかを感じていくと、課題や壁の乗り越え方が見えてくるかもしれません。


この章の最初に「人生とは最高波動を更新していく旅である」ということをお伝えしました。どんな人にも、その人だけの得意なこともあれば、できないこともあります。好きなことも、嫌いなことも人それぞれ全く異なります。

それは、それを使って自分がこの人生でやると決めたことをやるために持っているものです。そんな唯一無二の自己を実現し、世界に喜びを増やしていくこと。それこそがあなたがこの人生を生きている理由です。

是非まだ見ていない可能性を開花させ、自己実現を完成させていってください。

それに応じて最高波動の人生は展開していきますので。

波動を使って自分らしい人生を実現する 自己実現の法則

音声無料プレゼント

ここまでお読みいただきありがとうございます。

今回の内容は「波動」についてのものですが、波動はあくまでも手段にすぎません。

私がいつもお伝えしているのは「自分らしい人生の実現」というものです。

本文中にも一部触れましたが、多くのクライアントのサポートの中で見出し、体系立てた「自己実現の法則」というものがあり、その音声を無料でプレゼントさせていただきます。

【収録内容】

- **自分らしい人生、自己実現とはどういうものか？**
- **どうやって自己実現していくといいのか？**
- **自己実現の過程で起こること……**

是非参考にお聞きください。

「波動を使って自分らしい人生を実現する 自己実現の法則」

音声ダウンロードページ
https://www.personslink.com/publication

著者略歴
桑名正典（くわな・まさのり）
(株)パーソンズリンク代表取締役
「自分らしい人生の実現」を理念に掲げ、自分らしい人生の実現をサポートする人材を養成する講座や、稼ぎ続ける起業家を育成するパーソンズリンクビジネスアカデミー、経営者や個人事業主の売れるメンタルトレーニングを提供している。
大学、大学院卒業後、環境分析や化学分析、材料分析という分野で約6年間サラリーマン・研究者として働く。2007年に独立し、セミナープロデューサーとして仕事を始める。その後、心理カウンセラーとしての活動も開始し、2008年、ポジティブ思考全盛の時代にネガティブを含めたそのままの自分を認め、受け入れるための「ゆるしのレッスン」を独自開発し、提供し始める。
その後も「ゆるし」だけでなく、「波動」「ミッション」「自己実現」など、自分の直感からの独自のメソッドにこだわり、2017年には活動の範囲をさらに広げるべく、(株) パーソンズリンクを設立。多くの人の自分らしい人生の実現をサポートするとともに、起業家のビジネスプロデュースや、経営者のための「売れる」メンタルトレーニングを提供している。
［ホームページ］http://www.personslink.com
［ビジネスサポートホームページ］http://www.personslinkacademy.com
［ブログ］https://ameblo.jp/masterkwn
［LINE@］@personslink

波動が変わる! あなたが変わる! 人生が変わる!

2018年 5 月 12 日　初版第 1 刷発行
2021年 12 月 16 日　初版第 16 刷発行

著　者　桑名 正典
装　幀　中山デザイン事務所
発行者　森 弘毅
発行所　株式会社 アールズ出版
東京都文京区春日 2-10-19-702　〒112-0003
TEL 03-5805-1781　FAX 03-5805-1780
http://www.rs-shuppan.co.jp
印刷・製本　中央精版印刷株式会社

ISBN978-4-86204-291-0 C0011